Ao meu pai, *in memorian*
For my father, *in memorian*

Renata Barros

20 anos de arte
20 years of art

imprensaoficial

DEPARTAMENTO DE
MUSEUS E ARQUIVOS

São Paulo 2005

Impresso no Brasil / Printed in Brazil

Dados Internacionais de Catalogação na Publicação (CIP)
(Câmara Brasileira do Livro, SP, Brasil)

Renata Barros : 20 anos de artes = Renata Barros : 20 years of art / [pré-organização de textos e imagens/pre-organization of texts and imagens Adonis Galvão ; tradução/translation Peter Price, Stella Luzzi de Barros, Nicole Mourabak ; fotografia/photography Romulo Fialdini, Peter Oswald, Juan Steves]. — São Paulo : Imprensa Oficial do Estado : DEMA - Departamento de Museus e Arquivos, 2005.
ISBN 85.7060-332-0 (Imprensa Oficial)

Vários colaboradores.
Patrocínio: Companhia Vale do Rio Doce, Urucum Mineração S.A., Ministério da Cultura

1. Artes - Brasil 2. Artistas - Brasil 3. Barros, Renata 4. Fotografia artística 5. Instalações (Arte) 6. Video - Arte I. Galvão, Adonis. II. Fialdini, Romulo. III. Oswald, Peter. IV. Steves, Juan. V. Título : Renata Barros : 20 years of art.

05-1352 CDD-730.981

Índices para catálogo sistemático:
1. Artistas plásticos brasileiros : Apreciação crítica 730.981

Patrocínio

Companhia Vale do Rio Doce

URUCUM MINERAÇÃO S.A.

LEI DE INCENTIVO À CULTURA
MINISTÉRIO DA CULTURA

Dema - Departamento de Museus e Arquivo
Rua Mauá 51 - Bairro da Luz
01028-900 - São Paulo-SP
tel (11) 3351.8110
www.museus.sp.gov.br
museus@museus.sp.gov.br

Imprensa Oficial do Estado de São Paulo
Rua da Mooca 1921 - Mooca
03103-902 - São Paulo-SP
tel (11) 6099.9800
Fax (11) 6099.9674
www.imprensaoficial.com.br
livros@imprensaoficial.com.br
SAC 0800 123-401

Renata Barros

20 anos de arte
20 years of art

Apresentação
Presentation

Fábio Magalhães

Textos
Texts

Agnaldo Farias
Antonio Maschio
Arlindo Machado
Beate Eckstein
Carl Friedrich Schröer
Elvira Vernaschi
Fábio Magalhães
Henrique Luz
Jacques Leenhardt
Katia Canton
Maria Cristina Elias
Nancy Betts
Paula Valéria Andrade (entrevistas/interviews)
Rogério da Costa
Suzanne Grube
Tereza de Arruda
Vitoria Daniela Bousso

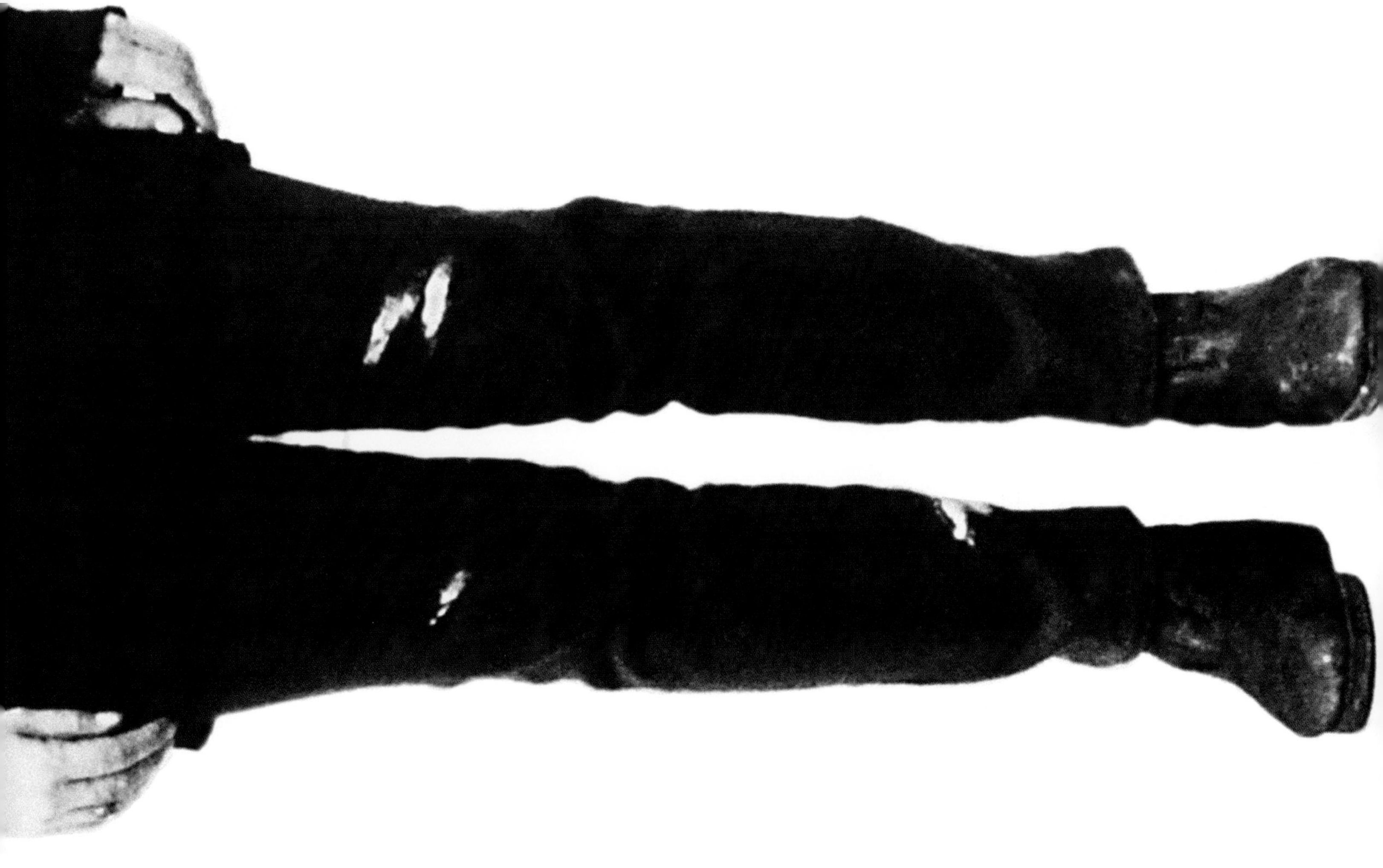

there are images

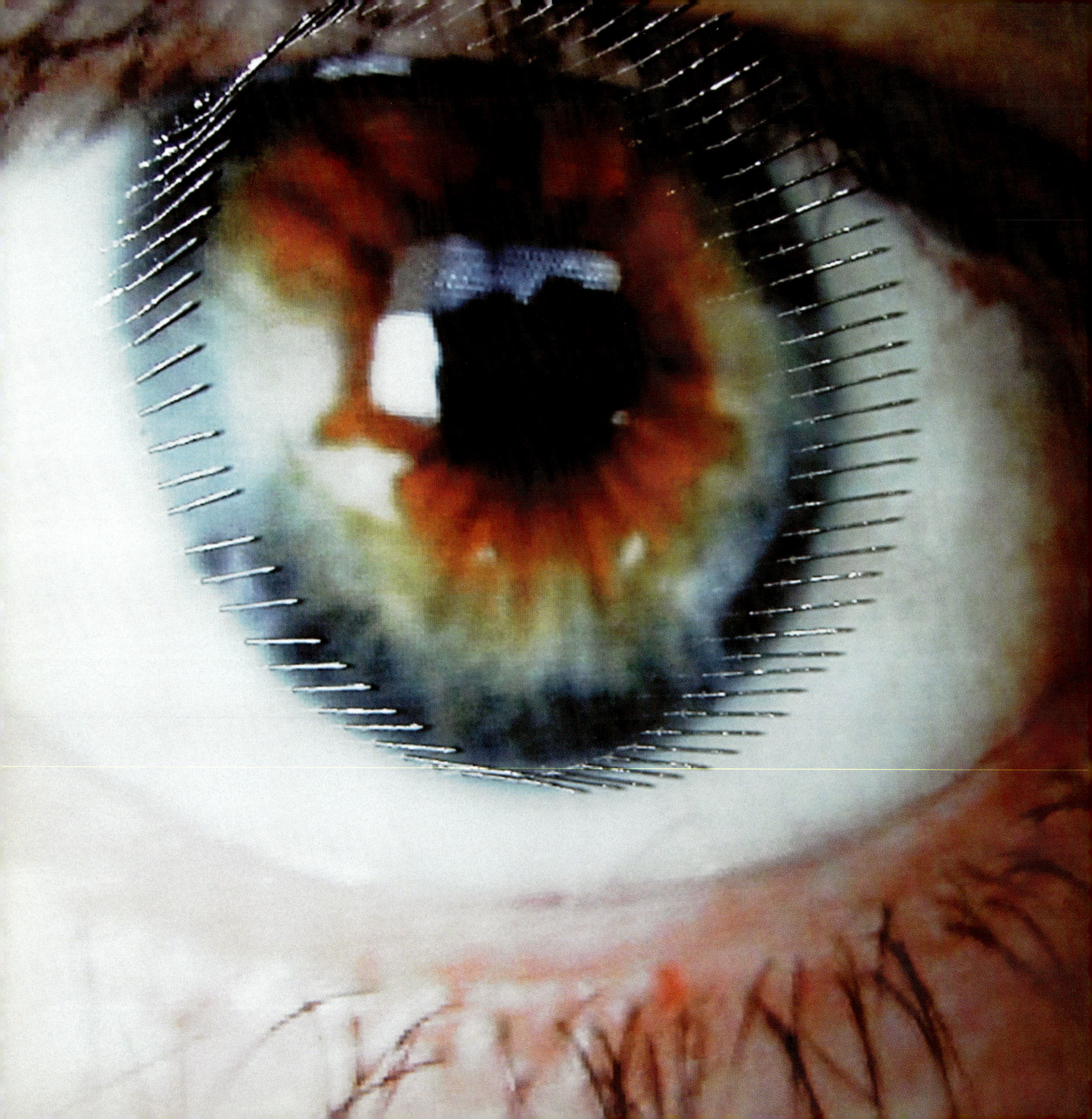

Renata Barros – O corpo da arte e seus fragmentos

Renata Barros vem desenvolvendo, desde os anos oitenta, uma trajetória artística rica de propostas, de experimentação e de questionamentos. Durante os diferentes momentos de sua carreira artística, sempre demonstrou grande interesse pela pesquisa dos materiais e utilizou-os como ferramenta para renovação de sua expressão visual.

Trabalhou com diversos suportes. Construiu poética complexa servindo-se de diferentes linguagens e de conceitos, muitas vezes descontínuos. A descontinuidade não caracteriza falta de coerência e sim a adoção de procedimentos mais complexos de criação que contrariam os processos lineares.

Ao longo dos últimos 20 anos a artista atingiu reconhecimento internacional, sua arte esteve presente em inúmeras exposições no Brasil, e no exterior (Argentina, Chile, Holanda, Espanha, França e, sobretudo, na Alemanha). Produziu uma obra diversificada e consistente, parte dela, ilustrada neste livro.

A abrangência da sua expressão plástica exige um expectador ativo, de olhar atendo às diversas possibilidades de abordagem e de interpretação frente às provocações e ironias que emanam de suas obras. Nelas, nada é taxativo, definitivo ou dogmático.

Renata Barros vem se dedicando com afinco na construção de uma identidade e de uma linguagem, próprias. Produz uma plástica diversificada e inteligente. Seus trabalhos, desde suas primeiras pinturas figurativas (aparentemente simples), até os objetos e instalações de sua

S/TÍTULO 2002 87 x 115 cm Foto sobre aço
Coleção Carlos Alberto Lamback
UNTITLED 2002 87 x 115 cm Photo on steel sheet
Carlos Alberto Lamback collection

Renata Barros – The body of art and its fragments

Renata Barros has been developing, since the eighties, an artistic path rich in ideas, experimentation and questioning. Throughout the different phases of her artistic career, she has always shown great interest in researching materials and used them as tools for renewing her visual expression.

She has worked in various media. She has built a complex poetics making use of different languages and concepts, frequently discontinuous. This discontinuity doesn't represent a lack of coherence but certainly the adoption of more complex creative procedures that contradict linearity.

Over the last 20 years the artist has achieved international recognition, her art has been present in several exhibitions in Brazil and abroad (Argentina, Chile, Holland, Spain, France and, above all, in Germany). She has produced varied and consistent work, a part of which is shown in this book.

produção atual, de maior complexidade, são sempre instigantes, não pedem apenas a atitude contemplativa. A sua obra pede diálogo, sugere discussão, propõe conceitos e exige do expectador uma participação reflexiva.

Os primeiros tempos

Nos anos oitenta, início de sua carreira, já se percebe em sua figuração uma riqueza expressiva do que se consagrou como "cozinha" da pintura, isto é, desde as primeiras exposições Renata Barros já mostrava que sabia pintar, que conhecia e dominava seus meios de expressão. Nos primeiros anos, há notável influência de seus mestres Luís Paulo Baravelli, Carlos Fajardo (ambos da geração dos anos 60) e Cássio Michalany. A artista produz uma pintura típica da nova figuração (Pop Art nos EUA e Nova Objetividade no Brasil), posterior às tendências abstracionistas, e absorve, no seu tratamento pictórico, muitas das experiências (de tendência irracional) do informalismo abstrato. No tratamento do tema a artista incorpora também as experiências das novas técnicas de comunicação de massas, da publicidade, da fotografia, da indústria gráfica. Trata-se, portanto, de uma obra referente aos anos 60, embora incorpore elementos da abstração expressionista, típica dos anos oitenta.

Os temas são deliberadamente banais, apresentam cenas do cotidiano. São triviais, otimistas e bem humorados, como por exemplo: passeio de bicicleta; compras no supermercado; leitura de jornal. A abordagem sugere intimidade, cumplicidade, como quem se defronta com situações conhecidas, já vivenciadas. Os assuntos são irrelevantes, como os episódios corriqueiros que acontecem nas ruas do nosso bairro.

Não há crítica, talvez ironia. Não há intuito contestatório, as cenas são construídas sem adjetivação. Pessoas

The range of her visual expression demands an active spectator, with an attentive eye to the varied possibilities of approach and interpretation when faced with the provocations and ironies that emanate from her works. In these works, nothing is fixed, definitive or dogmatic.

Renata Barros has tenaciously dedicated herself to the building of both an identity and a language all her own. She produces varied and intelligent art. Her works, from her first figurative paintings (apparently simple), to the objects and installations of her current production, of greater complexity, are always provocative, requiring more than a contemplative attitude. Her work seeks dialogue and proposes discussion and concepts, demanding from the viewer a reflexive participation.

The early days

In the eighties, at the beginning of her career, an expressive richness is already apparent in her figuration, which established itself as a painting "laboratory", that is to say, from her first exhibitions Renata Barros already showed that she knew how to paint, that she was familiar with and dominated her means of expression. In her early years, one sees the noticeable influence of her masters Luís Paulo Baravelli, Carlos Fajardo (both from the sixties generation) and Cássio Michalany. The artist produces painting typical of the new representation (Pop Art in the U.S.A. and New Objectivity in Brazil), wich followed the abstractionist trends, and absorbs into her pictorial technique many of the experiments (tending toward the irrational) of abstract informalism. In her treatment of the theme the artist also incorporates the experiments of the new techniques of mass communication, from advertising, from photography, from the graphics industry. It is therefore a body of work

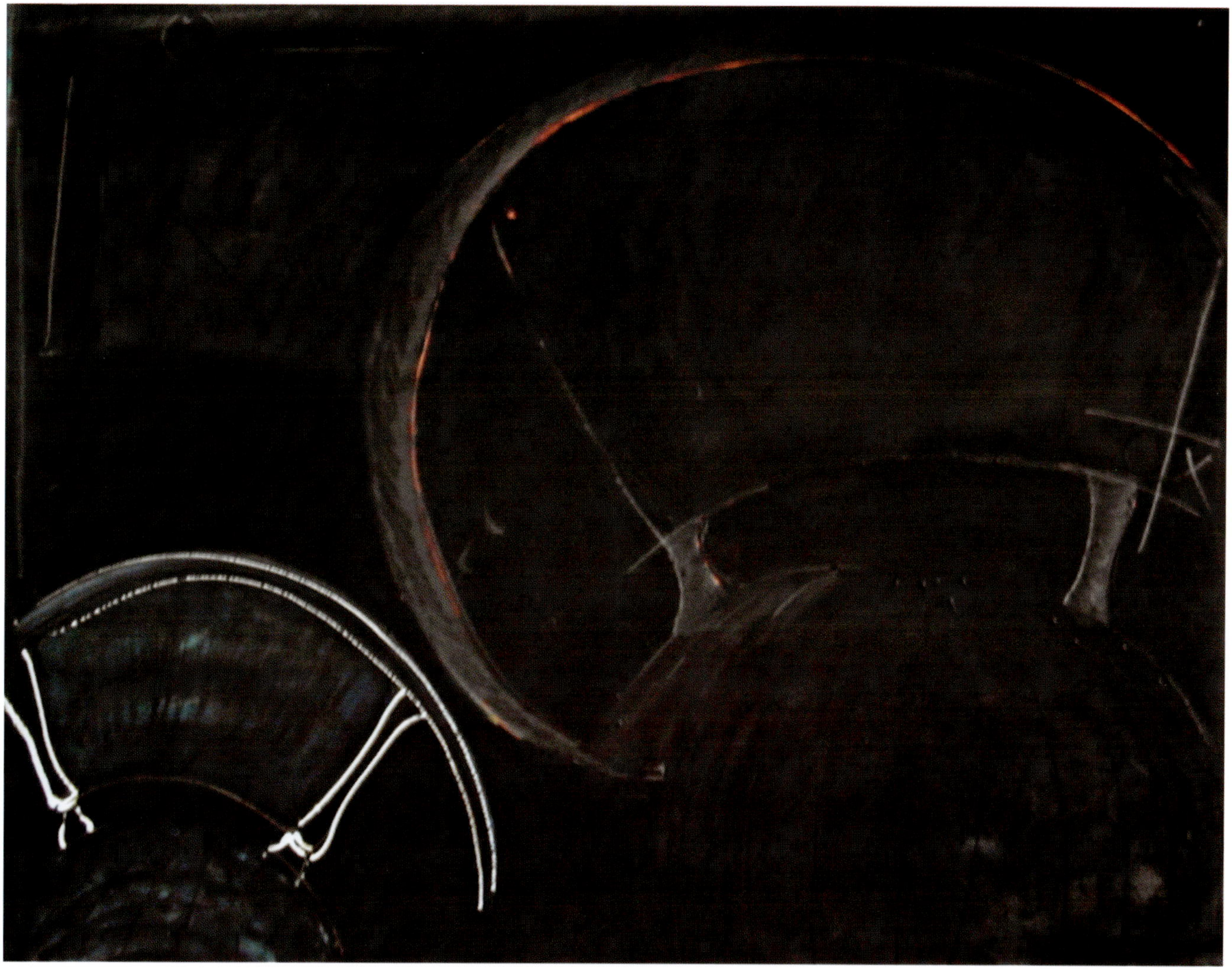

S/TÍTULO 1988 120 x 140 cm Acrílico sobre tela Coleção Renato Gomes
UNTITLED 1988 120 x 140 cm Acrylic on canvas Renato Gomes collection

e espaço-urbano são tratados como paisagem ou como partes de uma mesma embalagem.

Nos anos oitenta, Renata Barros faz obra figurativa com sabedoria, sem desprezar a expressividade e o lirismo da abstração.

As obras que sucedem essa fase figurativa trazem outras preocupações e interesses, constroem sínteses de formas e de cores e representam um período de transição para a afirmação de uma nova pintura que se configura na série de "Cadeiras", exposta pela primeira vez em 1988 no Instituto dos Arquitetos do Brasil, em São Paulo. Essa exposição constitui o ponto de partida para os inúmeros desdobramentos que virão, representam uma matriz importante da sua plástica. Na série de "Cadeiras" já sentimos a afirmação de uma identidade.

As cadeiras

Cor e linha. Renata Barros procura, na série de "Cadeiras" organizar as representações do conceito cadeira e de suas diversas abordagens. É preciso realizar uma pintura de modo simples e claro, com economia dos meios.

Na representação das cadeiras a preocupação da artista se concentra no objeto cadeira. Procura criar uma figuração de pura visualidade, ou seja, assume a missão substantiva de tornar visível a cadeira, assim como as forças expressivas de sua construção, de sua volumetria no espaço.

A proposta e o resultado são totalmente diferentes de outras abordagens famosas de cadeiras, consagradas na história da arte (Van Gogh ou Tàpies) onde a cadeira serve de pretexto para outras poéticas. Suas pinturas mostram o objeto cadeira – como se fotografa um nu – com olhar de quem quer ver. O olho procura outros ângulos, ampliam-se os seus limites. As telas mostram

that refers to the sixties, though incorporating elements from abstract expressionism, typical of the eighties.

The themes are deliberately banal, presenting scenes from everyday life. They are trivial, optimistic and good – humored, such as for example: a bicycle ride; shopping at the supermarket; reading a newspaper. Her approach suggests intimacy, complicity, like someone face to face with familiar situations. The subjects are in themselves irrelevant, like the hackneyed episodes that occur in the streets of our neighborhood.

There is no criticism, there is, perhaps, irony. There is no feeling of dispute; the scenes are constructed without adjectivization. People and the urban space are treated as landscape or as parts of the same package.

In the eighties, Renata Barros does figurative work wisely, without disdaining expressivity and the lyricism of abstraction.

The works that succeed this figurative phase introduce other concerns and interests, construct synthesis of forms and colors and represent a period of transition toward the affirmation of a new painting that takes shape in the "Chairs" series, exhibited for the first time in 1988 at the Institute of Brazilian Architects, in São Paulo. This exhibition represents the starting point for the innumerable developments that were to come; they represent an important source for her art. In the "Chairs" series we can already feel the assertion of an identity.

The chairs

Color and line. In the "Chairs" series Renata Barros seeks to organize representations of the concept chair and their varied approaches. It's necessary to create a painting with simplicity and clarity, and an economy of means.

situações de visualidade inusitada, mas toda a atenção está voltada para expressar através da pintura, da forma mais abrangente possível, a cadeira como objeto no espaço. A proposta é de construção de um outro ponto de vista, de uma outra espacialidade.

As telas são monocromáticas acrescidas pelas linhas de um desenho vigoroso. Essa nova pintura, provavelmente, incorpora os ensinamentos de Cássio Michalany, um mestre nas sínteses de forma e cor.

O recorte

Na seqüência a artista recorta sobre madeira o desenho de cadeiras. Só as linhas se materializam produzindo uma migração de desenho para objeto. A figura se liberta do fundo.

O recorte pode funcionar como relevo sobre a parede mas, também, pode atuar como forma solta no espaço, isto é, como escultura. A luz, também é importante, muitas vezes, provoca sombras sobre os relevos e imprime novas expressões nas superfícies. A sombra também

In the representation of the chairs the artist's concern is concentrated on the chair as object. She seeks to create a figuration that is purely visual, in other words, takes on the substantive mission of making the chair visible, as well as the expressive forces that go into its construction, its volume in space.

Both the idea and the results are totally different from other famous approaches to chairs, acclaimed in the history of art (Van Gogh or Tàpies), where the chair serves as a pretext for other poetics. Her paintings show the chair as object – in the way a nude is photographed – through the eye of one who really wants to see. The eye seeks different angles, extends the object's boundaries. The canvases show unusual visual situations, but all her attention is focused on expressing through painting, in the broadest way possible, the chair as object in space. The idea is to build from another point of view, from a different sense of space.

The canvases are monochromatic, with vigorously drawn lines. It is likely that this new paintings incorporate the teachings of Cássio Michalany, a master in the synthesis of form and color.

The cutout

Following on from this the artist cuts out drawings of chairs in wood. Only the lines are materialized, producing a migration from of drawing to object. The figure is freed from its background.

S/Título 1989 100 x 120 cm
Recorte em madeira recoberto c/ tela Coleção Josef Kurc
Untitled 1989 100 x 120 cm
Acrylic on canvas on wood cutout Josef Kurc collection

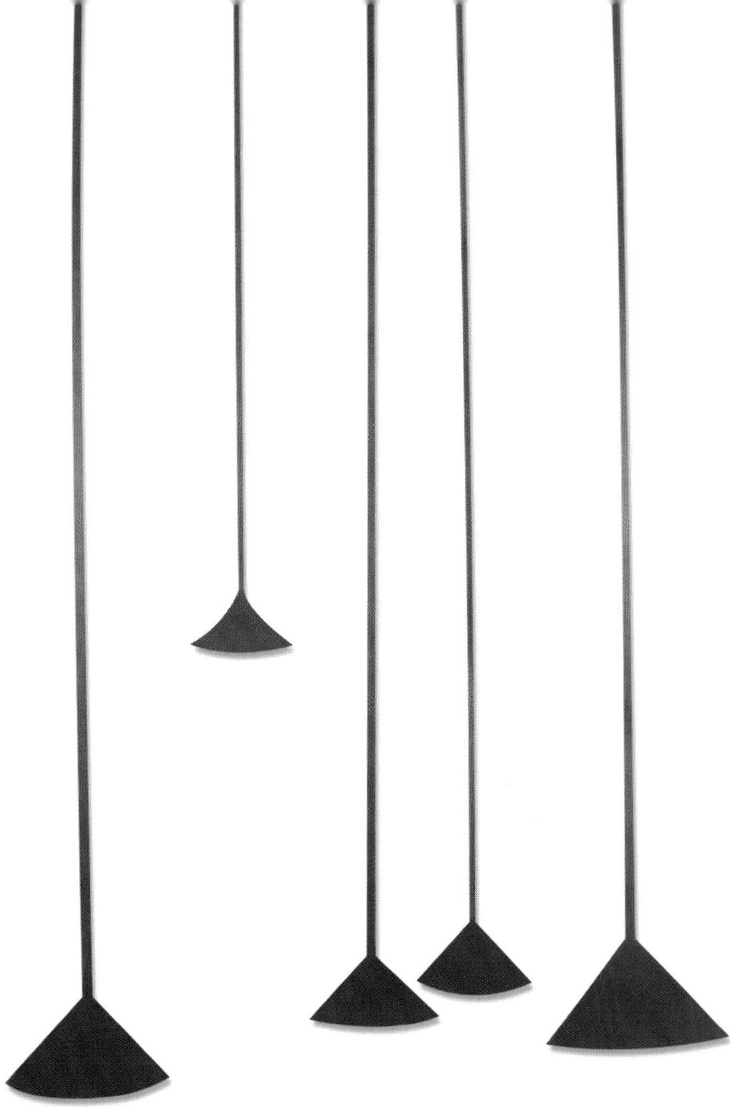

Damas do Snooker 1991 5 módulos 35 x 200 cm cada
Acrílico sobre madeira recortada Coleção MAC - São Paulo
Snooker Ladies 1991 5 pieces 35 x 200 cm each
Acrylic on wood cutout on 3m wall Collection MAC - São Paulo

The cutout can work as a relief on the wall, but also may function as a free object in space, that is to say, as sculpture. The lighting is also important, frequently producing shadows on the reliefs and printing new expressive elements onto the surfaces. The shadow is also drawing, revitalizing the graphic appearance of the work and, in some cases, adding a sense of drama.

These cutouts revitalize the relationship between the object itself (physical body) and its surroundings (architectonic space). Both are altered by these relationships, either toward integration or confrontation.

Fractures, breaks

We notice a constant concern, present at various moments in her work, definable by the words deconstruction and fracture or by the word "slices", as she herself prefers to call them. This project of fragmentation first appeared in her cutout chairs and was later amplified and transformed into more radical experiments.

These new ideas give rise to complex situations, as in her "doodles" (a kind of unconscious, automatic writing) cut out in wood elaborately carpentered.

From the nineties on, Renata Barros shows an enormous interest in the development of a visual "lexicon". She executes, through the wood cutout, the basic elements that make up graphic expression and frees them in space, as independent and free objects – dots, lines and hatchings.

She also researches the color and material that make up the body of the painting as, for example, in the sequences of cutout and painted dots that are part of her "Project for the rest of my life" (which in theory represent endless sequences), or also in the work "Metro Gold Maya" (in both titles there are good-humored references to the cinema). Both projects demonstrate

é desenho, revitaliza seu aspecto gráfico e, em certos casos, acrescenta dramaticidade.

Esses recortes revitalizam as relações do próprio objeto (corpo físico) com seu entorno (espaço arquitetônico). Ambos se alteram nessas relações, que podem ser de integração ou de confronto.

Fraturas, descontinuidades

Percebemos uma preocupação constante, que atravessa diversos momentos de sua produção e que poderíamos definir pelas palavras: desconstrução e fratura ou, pela palavra "slices" (fatias), como prefere denominar a autora. Esse projeto de fragmentação surgiu nas cadeiras recortadas e, posteriormente, foi ampliado e transformado em experiências mais radicais.

As novas idéias materializam situações complexas, como nos "rabiscos" (espécie de escrita automática, inconsciente) recortados sobre madeira e de carpintaria elaborada.

A partir da década dos anos 90, Renata Barros demonstra enorme interesse pelo desenvolvimento de um "léxico" visual. Executa, através do recorte de madeira, os elementos básicos que constituem a expressão gráfica e liberta-os no espaço, como objetos independentes e livres – pontos, linhas e hachuras.

Também pesquisa a cor e a matéria que constituem o corpo da pintura como, por exemplo, nas seqüências de pontos recortados e pigmentados que fazem parte do "Project for the rest of my life" (que em tese representam seqüências sem fim), ou ainda na obra "Metro Gold Maya" (em ambos títulos há referências bem humoradas com o cinema). Os dois projetos mostram situações gráficas e pictóricas, não expressas apenas do modo como se pinta e se desenha, mas também do modo como se escreve um poema, um rabisco, um manuscrito. É impor-

Detalhe do Coração III
Detail of Heart III

graphic and pictorial situations, not just expressed as one paints and draws, but also in the way one writes a poem, a doodle, a written text. It's important to highlight within these fragmentations a clear concern with rhythm (in the musical sense) and movement.

To cutout, to divide into pieces is analogous to writing. And writing for Renata Barros is a process of visual creation that moves in space and time.

The artist creates installations. The pieces (wood cutouts) are joined together and form groups, that are often invasive. They are graphic fragments that erupt within the space and occupy the walls, the ceiling and the floor.

The objects revitalize the relationship between the horizontal and vertical boundaries of the architecture. They transform and integrate the diverse planes within the space and, at the same time, being fragments, provoke a dislocation within the space.

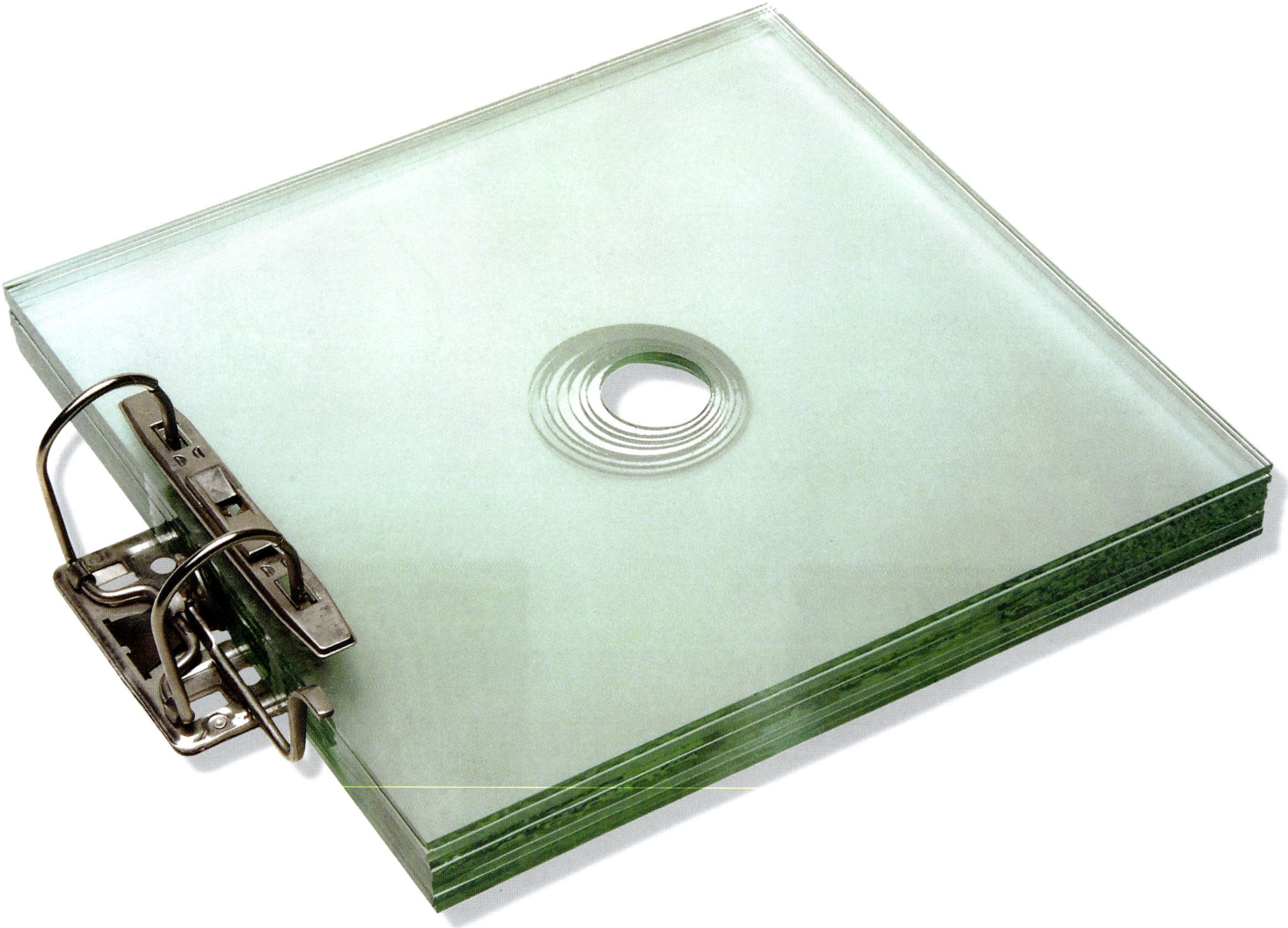

Diário I 1998 35 x 36 x 8 cm Vidro recortado Coleção Renato Gomes
Diary I 1998 35 x 36 x 8 cm Glass cutout Renato Gomes collection

tante destacar nas fragmentações a nítida preocupação com o ritmo (no sentido musical) e com o movimento.

Recortar, partir em pedaços é análogo a escrever. E escrever para Renata Barros é um processo de criação plástica que se movimenta no espaço e no tempo.

A artista cria instalações. As peças (recortes de madeira) se articulam e formam conjuntos, muitas vezes invasores. São fragmentos gráficos que irrompem no espaço e ocupam as paredes, o teto, o chão.

Os objetos, em pedaços, revitalizam as relações entre os limites verticais e horizontais da arquitetura. Transformam e integram os diversos planos do ambiente e, ao mesmo tempo, como são fragmentos, provocam descontinuidade no ambiente.

É importante acrescentar que a escrita propriamente dita, ou seja, a palavra manuscrita ou impressa, está presente, sobretudo, nas últimas fases de seu trabalho. A artista inclui em diversas obras textos de conteúdo poético, acrescido de significado gráfico, ou seja, o texto atua também como desenho, como mancha. Estas escrituras constituem um "novo idioma", e perderão parte substancial de seu significado se forem "traduzidas" fora do contexto da obra de arte.

As fragmentações apresentam sempre situações abertas e de expansão. Têm DNA explosivo (espécie de "Big Bang"). São conjuntos que apesar de possuírem uma ordem, contém a atrativa possibilidade da desordem. A própria artista já se referiu aos conceitos: de desorganização como abertura e de organização como fechamento (texto da artista para o catálogo da exposição "Cadeiras" em 1998).

Transparências

Há ainda outro elemento que vai ter presença relevante na sua obra: a transparência.

S/TÍTULO 2002 20 x 20 x 8 cm técnica mista Coleção Julieta Widman
UNTITLED 2002 20 x 20 x 8 cm mixed media Julieta Widman collection

It's important to add that the written word as such, that is, the written or printed word itself, is present above all in the most recent phases of her work. The artist includes in several works texts of a poetic nature, with graphic significance added, that is, the text also functions as drawing, as brush-stroke. These writings constitute a "new language", and would lose a substantial part of their meaning if they were to be "translated" out of context, away from the work of art.

These fragmentations always present situations that are open and in expansion. There is an explosive DNA (a kind of "Big Bang"). They are groups that, although possessing order, contain the attractive possibility of disorder. The artist herself has already referred to the

A preocupação de trabalhar com as transparências surge nas pesquisas realizadas em Bonn, na Alemanha em 1997.

Renata Barros desenvolveu o projeto das Caixas de Vidro, a convite da Fundação Heinrich Böll e, muitas das obras produzidas foram expostas na IFA – Galerie Bonn, um dos espaços mais prestigiados para arte contemporânea, em toda Alemanha.

A exposição chamou-se Süssstoff (adoçante) numa referência bem humorada da artista – "de que a arte muitas vezes tem sabor amargo e, portanto, precisa de adoçante" – e para homenagear essa idéia, realizou a obra Süssstoff-Bibliothek composta de sete caixas de vidro contendo, adoçante, tabletes de açúcar e doces. O formato e a disposição das caixas, sugerem uma coleção de livros. Os objetos de vidro abrem caminho para a artista explorar os múltiplos aspectos de linguagem entre significante e significado, entre continente e conteúdo.

O vidro permite, pela sua transparência, a invasão do nosso olhar, mas estabelece zonas diferenciadas, isoladas, fechadas.

Essa invasão do olhar sobre um outro ambiente, enclausurado, desperta sentimentos de curiosidade (ou de perversidade), típicas do "voyeurismo".

Nos "cadernos de rascunhos" e nos "diários", ambos de vidro, a transparência atua como elemento metafórico, sobrepondo textos quase ilegíveis e revelando-os como processos descontínuos de memória (no espaço e no tempo). Nos Diários II além da construção de um fichário de vidro a artista recortou círculos nas "páginas" acrescentando, buracos, espaços vazios às transparências. A acumulação desses buracos recortados no vidro produz formas como resultado da leitura do conjunto das transparências – assim, dependendo do nosso olhar, os círculos podem ser vistos como um vulcão (forças que se expandem), ou como um rodamoinho (forças que se concentram).

concepts involved: of disorganization as an opening and organization as a closing (text by the artist for the catalogue of the "Chairs" exhibition in 1998).

Transparencies

There is yet another element which will occupy a relevant position within her work: transparency.

Her concern with working with transparencies arises from research done in Bonn, in Germany, in 1997.

Renata Barros developed her Glass Boxes project at the invitation of the Heinrich Böll Foundation and many of the works produced were exhibited at the FIA – Galerie Bonn, one of the most prestigious spaces for contemporary art in Germany.

The exhibition was called "Sweetener" in a good-humored reference by the artist to the fact "that art often has a bitter taste and so is in need of a sweetener" – and to celebrate this idea, created the Sweetener-Library, comprising seven glass boxes containing sweetener, sugar lumps and sweets. The shape and arrangement of the boxes suggest a book collection. The glass objects open the way for the artist to explore the multiple aspects of language, between signifier and signified, between container and content.

The glass allows, through its transparency, the invasion of our eye, but establishes differentiated zones that are, isolated, closed.

This invasion of the eye into a different, enclosed space, awakens feelings of curiosity (or perversity), typical of "voyeurism".

In the "sketch books" and in the "diaries", both made of glass, the transparency functions as a metaphorical element, superimposing almost illegible texts and revealing them as discontinuous processes of memory (in space and in time). In the "Diaries II" besides building

As "Gênesis", realizadas no mesmo período das "Caixas", são trabalhos que se voltam para outras preocupações. As transparências de acrílico e de vidro sobrepostas, em planos paralelos, estabelecem com as imagens fotográficas situações de espacialidade próximas aos efeitos de perspectiva existentes na pintura.

Esses trabalhos incorporam valores consagrados da pintura (como a perspectiva) e mostram o interesse da artista em reinterpretar aspetos da tradição e da história da arte.

São experiências onde as transparências perderam sua função substantiva. Em decorrência dessas pesquisas, mais pictóricas, resultaram outras propostas que também fazem fronteira com a pintura, como as "Caixas de Histórias Picantes" (que já não são transparentes), contendo pequenas narrativas compostas por diversos elementos como: madeira, veludo, agulhas, plumas ou espelho. Funcionam como caixas de surpresa que se revelam mágicas, quando abertas.

Apesar das referências a certos aspectos da pintura, a artista não abandona suas experiências com as caixas, com

a card index of glass the artist cuts out circles in the "pages", adding holes, empty spaces, to the transparencies. The accumulation of these cut-out holes in the glass produces differing forms when reading the transparencies as a whole – in this way, depending on our way of looking, the circles can be seen as a volcano (forces in expansion), or as a whirlpool (forces in contraction).

The "Genesis", created in the same period as the "Boxes", are works that deal with different concerns. The superimposed acrylic and glass transparencies in parallel planes establish with the photographic images spatial situations close to the effects of perpective existent in painting.

These works incorporate established values of painting (like perspective) and demonstrate the artist's interest in reinterpreting aspects of the tradition and history of art.

They are experiments in which the transparencies lose their substantive function. As a result of these more pictorial researches other ideas were suggested that also border on painting, like the "Boxes of Risqué Stories" (which are no longer transparent), containing short narratives composed of diverse elements such as wood, velvet, needles, feathers and mirrored glass. They work as surprise packages, revealed to be magical, when opened.

In spite of her references to certain aspects of painting, the artist hasn't abandoned her experiments with the boxes, with "card indexes" and "albums" of glass. She adds to the transparencies new difficulties by making use of photomontage of parts of her own body (preferably her eyes), in this way incorporating questions of identity. The image of her body contaminates her work, but the work also invades her life and takes control of her personal experiences.

Caixa de histórias picantes 2002 21 x 24 x 12 cm
Recorte de madeira, veludo e agulhas Coleção Carlos Magno Bomfim

Box of riqué stories 2002 21 x 24 x 12 cm
Wood cutout box, velvet and needles Carlos Magno Bomfim collection

JACK THE RIPPER LANDSCAPE 1997 22 x 220 cm
Técnica mista, madeira, foto, látex e acetato Coleção da artista

JACK THE RIPPER LANDSCAPE 1997 22 x 220 cm
Mixed media, wood, photo, latex and acetate Artist collection

"fichários" e "álbuns" de vidro. Acrescenta às transparências novas problemáticas ao utilizar foto montagem de partes de seu próprio corpo (preferencialmente de seus olhos), com isso, inclui questões de identidade. A imagem do seu corpo contamina a sua obra, mas também a obra invade a sua vida e toma posse das suas experiências pessoais.

O corpo da artista e o corpo da arte

Outro elemento recorrente nos diversos períodos de sua produção é o seu próprio corpo, que fala de suas vivências, de suas perplexidades diante da vida.

Katia Canton, no seu livro, "Novíssima Arte Brasileira" (Iluminuras, 2000), analisa com acuidade a presença do

The body of the artist and the body of art

Another recurrent element throughout the various phases of her production is her own body, which witnesses what she has lived through, and her bewilderment before life.

Katia Canton, in her book "The Newest Brazilian Art" (Iluminuras, 2000), insightfully analyzes the presence of the human body in post-modern art: "Bodily memory becomes a valuable and immeasurable possession of great affective riches, which the artist undresses and offers to the spectator with the complicity and intimacy of someone opening a diary." And she follows this by: "This is a mutant body, virtualized, an effigy of scientific discoveries, of the solitude that devastates urban life, of the cliché and the replica, of the meaning derived from its very absence, through the excesses of information spread throughout the computerized spaces of the post-industrial world."

"Pieces of Me", an exhibition that took place in 1999 at the Goethe Institute in São Paulo and at the Curitiba

corpo humano na arte pós-moderna: "A memória corporal torna-se um bem valioso e incomensurável de riquezas afetivas, que o artista desnuda e oferece ao espectador com a cumplicidade e a intimidade de quem abre um diário." E na seqüência: "Esse é um corpo mutante, virtualizado, simulacro das descobertas da ciência, da solidão que assola a vida urbana, do clichê e da réplica, do sentido que se instaura de sua própria ausência, nos excessos de informação que se espalham pelos espaços informatizados do mundo pós-industrial."

"Pedaços de Mim" exposição realizada em 1999 no Instituto Goethe de São Paulo e no Museu Metropolitano de Arte de Curitiba, ou "Einsichten" realizada em 2001 na Galeria Barbara Cramer em Bonn, na Alemanha, mostram uma visão do corpo em pedaços (coração, pulmão, olhos e cabeças, combinados com tubos que sugerem artérias e, látex que se assemelha com a pele humana).

É interessante observar os títulos das duas exposições que incluíram esses trabalhos: "Pedaços de Mim" é auto-

Metropolitan Museum of Art or "Einsichten" mounted in 2001 at the Galerie Barbara Cramer in Bonn, in Germany, show a vision of the body in pieces (heart, lung, eyes and heads, combined with tubes suggesting arteries and latex resembling human skin).

It is interesting to note the titles of the two exhibitions that included these works: "Pieces of Me" is self-referential, suggesting an autobiographical account, and "Einsichten", which in German means "knowledge", but also, "to examine", or even "for your information". The titles chosen by Renata are ironic but, above all, provocative and inciting.

The artist sees herself and allows herself to be seen. The body language (of her own body) is always present and is a structural part of her visual work. The body is document, memory. At the same time the body, like art, is a subject for reflection: the object (material), the space with transparencies and opacities (withdrawal), the representation of the body as a mirrored image (opposed to the material).

referente, sugere relato auto-biográfico, e "Einsichten" que em alemão quer dizer "conhecimento", mas também significa, "examinar", ou ainda, "para sua informação". Os títulos escolhidos por Renata são irônicos mas, sobretudo, são provocativos, instigantes.

A artista se vê e se faz ver. A linguagem do corpo (do seu corpo) é uma constante e faz parte estrutural de sua obra plástica. O corpo é registro, memória. Ao mesmo tempo o corpo, como arte, é sujeito para a reflexão: o objeto (matéria), o espaço com transparências e opacidades (afastamento), a representação do corpo como imagem espelhada (que se opõe à matéria).

Jorge Glusberg, no seu livro Moderno Post Moderno (Emecé Editores, 1993) escreve (pág.195) sobre 'A estética clínica, segundo Deleuze': "Deleuze (ao analisar a obra de Francis Bacon) fala de um corpo sem órgãos: em verdade quer dizer um corpo desorganizado frente ao nosso corpo biologicamente organizado. Portanto, a sensação, (diz Deleuze) "não é um reflexo da unidade viva do corpo, mas sim uma espécie de transgressão dessa unidade..."

Renata Barros desconstrói o corpo humano procurando outros horizontes. Os pedaços de corpo humano, na sua obra, não abrigam nenhum sentimento erótico nem trágico. Estão mais próximos do interesse e do conhecimento científicos. Renata Barros não utiliza estratégias de sedução feminina, nem procura vincular ao corpo os sentimentos de prazer sexual.

O coração não pulsa e a pele não transpira, parecem objetos de baixa temperatura afetiva, voltados para o estudo e para a análise, distantes do afeto, despreparados para o amor e para a rejeição. Há exemplos de mobilidade de determinados órgãos, como o "pulmão" que pode ser inflado quando acionado por um fole, entretanto essa "respiração" sublinha, ainda mais, a

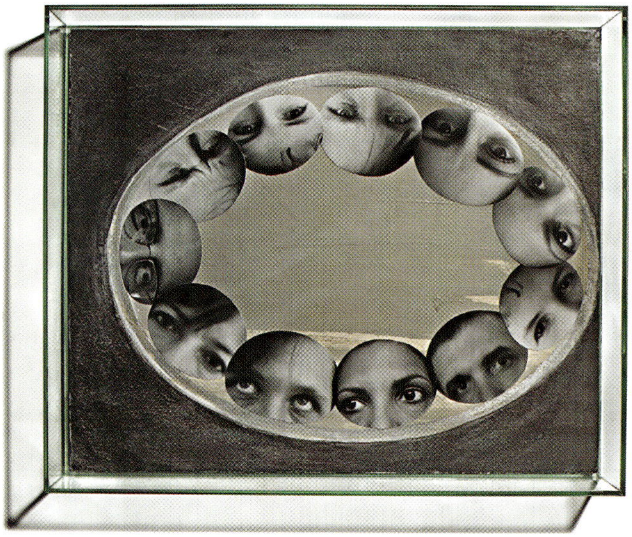

S/TÍTULO 1997 39 x 47 cm
Técnica mista em caixa de vidro Coleção particular
UNTITLED 1997 39 x 47 cm
Mixed media on glass box Private collection

CLONE, INSTALAÇÃO 1998 300 x 100 cm
Foto, látex e porta-toalhas Coleção particular
CLONE, INSTALLATION 1998 300 x 100 cm
Photo, latex and towel rack Private collection

S/TÍTULO 2001 64 x 45 x 2,5 cm Madeira prensada, foto, látex, penas e plástico
UNTITLED 2001 64 x 45 x 2,5 cm Wood, photo, latex, feather and plastic

preocupação analítica da artista. A objetividade no tratamento provoca distanciamento entre a obra de arte e o espectador.

A sua imagem fotográfica "espelhada" (poderíamos empregar a palavra *espejismo* que em espanhol significa miragem, ilusão) surge como vestígio de sua presença, ou ainda, como registro de um outro plano e de um outro tempo.

Objetos-máscara

A historiadora de arte alemã, Susanne Grube que escreveu o texto crítico da exposição Einsichten (Berlim, 2002 e em São Paulo, 2002, com o título "Leitura"), chama especial atenção para determinadas obras que representam contornos de rostos e denomina-os "objetos-máscara".

A cabeça humana, representada frontalmente, recortada em madeira é reconhecida pelas linhas de seu contorno. Todos os traços faciais são inexistentes, foram apagados, desprezados. Em alguns "objetos-máscara" o espaço facial é o vazio, noutros, suas superfícies são recobertas por uma pintura de manchas escuras, dramáticas. A artista utiliza ainda, em outros objetos-máscara, penas, plástico e fragmentos fotográficos para preencher espaço facial. Contudo, as obras mais instigantes dessa série de máscaras são as faces cobertas de material plástico excessivo, enrugado, que imita a pele.

O rosto de pele enrugada sem face é uma obra perturbadora – um objeto e ao mesmo tempo uma referência humana – ambos inatingíveis.

Real x metafórico

Nas obras e nas instalações mais recentes, são inúmeras as provocações conceituais dos elementos formadores

Jorge Glusberg, in his book "Modern Post Modern" (Emecé Editores, 1993) writes (pg.195) about 'The clinical aesthetic, according to Deleuze': "Deleuze (in analyzing the work of Francis Bacon) speaks of a body without organs: what he really means to say is a disorganized body as opposed to our biologically organized body. Consequently, sensation, (Deleuze says) 'is not a reflection of the live unity of the body, but rather a kind of transgression of this unity...'"

Renata Barros deconstructs the human body in search of new horizons. The human body parts in her work give no place to any erotic or tragic sentiment. They come closer to an interest in scientific knowledge. Renata Barros doesn't use strategies of feminine seduction, nor seek to associate the body with feelings of sexual pleasure.

The heart doesn't beat and the skin doesn't perspire, they seem objects of low emotional temperature, concerned with study and analysis, distant from desire, unprepared for love and rejection. There are examples of the mobility of certain organs, like the "lung" that can be inflated when activated by a bellows; however this "breathing" underlines still further the artist's analytical concern. The objectivity in the treatment provokes a distancing between the work of art and the spectator.

Her "mirrored" photographic image (we could use the word *espejismo*, which in spanish means mirage, illusion) appears as a trace of her presence, or else, as a register of another plane and another time.

Mask-objects

The German art historian Susanne Grube, who wrote the critical text for the exhibition "Einsichten" (Berlin, 2002 and São Paulo, 2002, under the title "Reading"), draws special attention to certain works that represent outlines of faces and calls them "mask-objects".

S/TÍTULO 2001 65 x 48 cm cada Plástico, resina, pigmento e madeira Coleção particular
UNTITLED 2001 65 x 48 cm each Plastic, resin, pigment and wood Private collection

de sua expressão plástica, muitos deles (como, por exemplo, as agulhas de aço) são apropriações de objetos cujas funções e significados são desestruturados e renovados ao ingressarem no contexto da obra de arte.

As novas situações criadas formam conjuntos que são organizados (ou desorganizados) na busca de novos atributos, sem perderem, no entanto, a memória de suas origens e funções. Nas Caixas de Vidro, a agulha continua sendo uma agulha, entretanto, seu significado é outro. A artista provoca uma nítida fratura, uma descontinuidade na informação. A ruptura ocorre quando a agulha deixa de ser objeto do mundo e se transforma em objeto do "mundo da arte".

A agulha é apenas um exemplo. São inúmeros os elementos que apresentam esse "estranhamento" e que atuam de modo ambíguo nas suas instalações, nos "objetos-máscara" e nas Caixas de Vidro. Ao inserí-los na sua plástica, a artista interfere nesses significados, e sem anulá-los por completo propõe outras leituras. Os objetos perdem parcelas de seus valores originais, para ganhar novos atributos.

Renata Barros altera radicalmente a lógica e as funções dos objetos com os quais trabalha para gerar inquietação estética e potencializá-los com novos conteúdos e ambigüidades.

A relação entre informação e deformação estabelece um equilíbrio precário na discussão do real e dos valores metafóricos. Esses jogos de significados agregam grande força poética.

Atualmente Renata Barros trabalha com a fotografia de forma substantiva e enfrenta novos desafios de linguagem com resultados surpreendentes. Haverá sempre na sua plástica a procura de novos caminhos, ainda que algumas experiências abandonadas possam ser retomadas no futuro, como já foram retomadas no passado.

The human head cut out in wood, represented frontally, is recognized by the lines of its outline. All facial features are non-existent, have been eliminated, disdained. In some "mask-objects" the facial space is empty, in others their surfaces are painted over with dark blotches, dramatically. The artist also uses, in other mask-objects, feathers, plastic and photographic fragments to fill in the facial space. However, the most stimulating works in this series of masks are the faces covered by excessive amounts of plastic material, hence wrinkled, in imitation of skin.

The featureless face of wrinkled skin is a disturbing work – an object and at the same time a human reference – both unattainable.

Real versus metaphoric

In her most recent works and installations, there are innumerous conceptual provocations of the formative elements of her visual expression, many of them (as for example, the steel needles) are appropriations of objects whose functions and meanings are destructured and renewed on entering the context of the work of art.

These newly created situations form groups that are organized (or disorganized) in the search of new attributes, without however losing the memory of their origins and functions. In the Glass Boxes, the needle continues being a needle, although its meaning is different. The artist provokes a clear fracture, a discontinuity in the information. The rupture occurs when the needle ceases to be an object from the world and is transformed into an object from the "world of art".

The needle is just one example. Countless elements present this "feeling of strangeness" and work in an ambiguous way within her installations, the "mask-objects" and the Glass Boxes. By inserting them into her work, the artist

S/TÍTULO 1996 20 x 25 cm cada Técnica mista Coleção particular
UNTITLED 1996 20 x 25 cm each Mixed media Private collection

Mas sempre com abordagens diferenciadas. Pensar, analisar, inventar, faz parte da sua dieta de artista.

Seu processo criativo é intelectual e erudito. A atenção estará voltada permanentemente para o ato renovador. Vão surgir outros continentes, com novas perspectivas. A sua arte já transpôs paisagens de amplos horizontes, e enfrenta novas travessias, por geografias que se movem e que se ampliam. Foram vinte anos de profícua construção. **• Fábio Magalhães, crítico de arte e museólogo.**

interferes with their meanings, and, without annulling them completely, suggests other readings. The objects lose a part of their original values, in order to gain new attributes.

Renata Barros radically alters the logic and functions of the objects she works with to generate an aesthetic disquiet and charge them with new contents and ambiguities.

The relationship between information and deformation establishes a precarious balance in the discussion of the real and metaphorical values. These games of meaning accumulate great poetic force .

Currently Renata Barros is working with photography in a substantive way and facing new challenges, with surprising results. There will always be within her visual language a search for new paths, given that some abandoned experiments may be taken up again in the future, as has occurred in the past. But always with distinct approaches. Thinking, analyzing and inventing are all part of her artistic diet.

Her creative process is intellectual and erudite. Her attention will permanently be directed towards acts of renewal. New continents will emerge, with new perspectives. Her art already spans landscapes with broad horizons, and confronts crossings into new territories, through geographies that are both on the move and amplifying. There have been twenty years of worthwhile construction. **• Fabio Magalhães, critic of art and museologist.**

S/TÍTULO 1996 40 x 40 x 10 cm Técnica mista Coleção particular
UNTITLED 1996 40 x 40 x 10 cm Mixed media Private collection

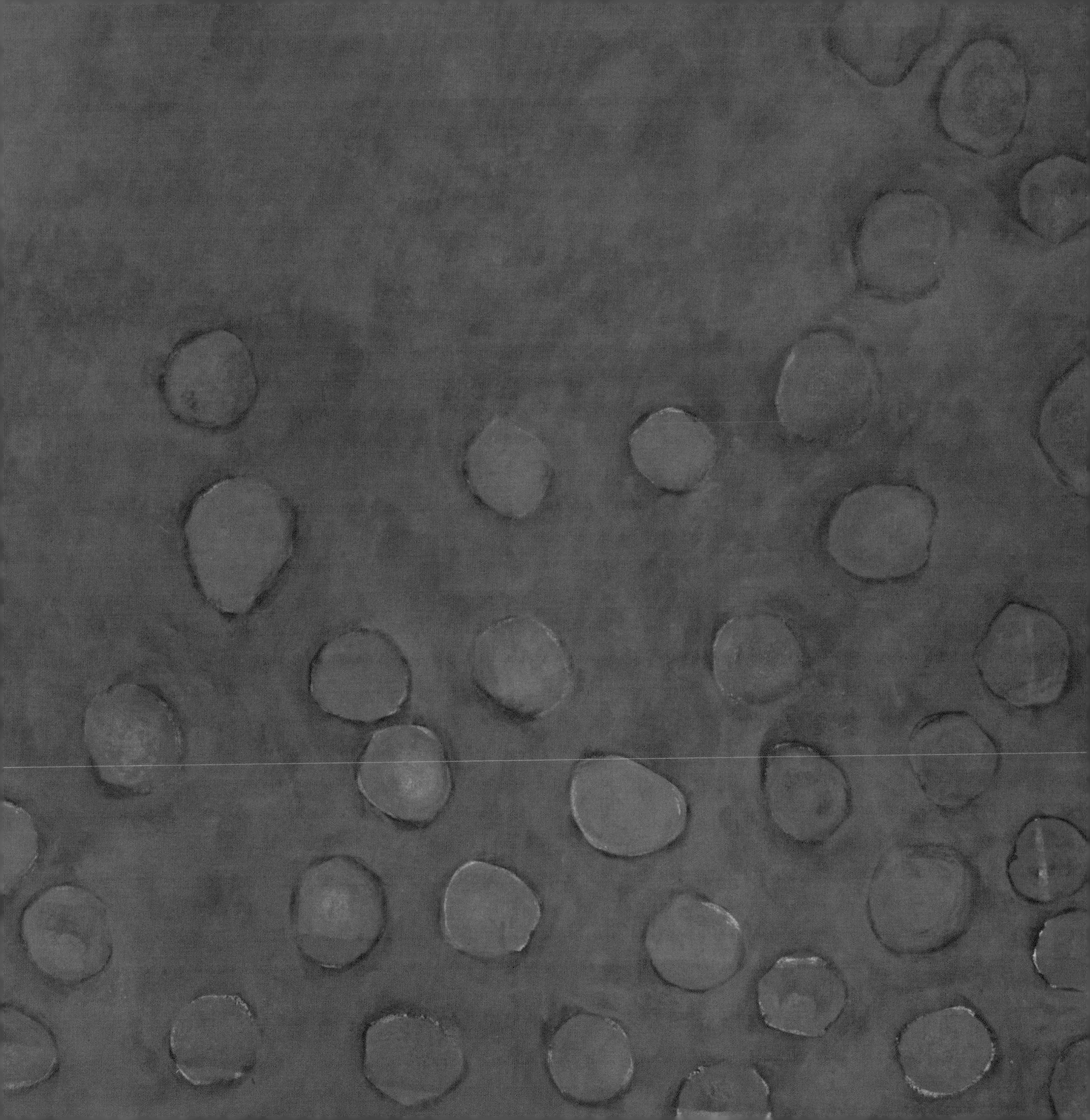

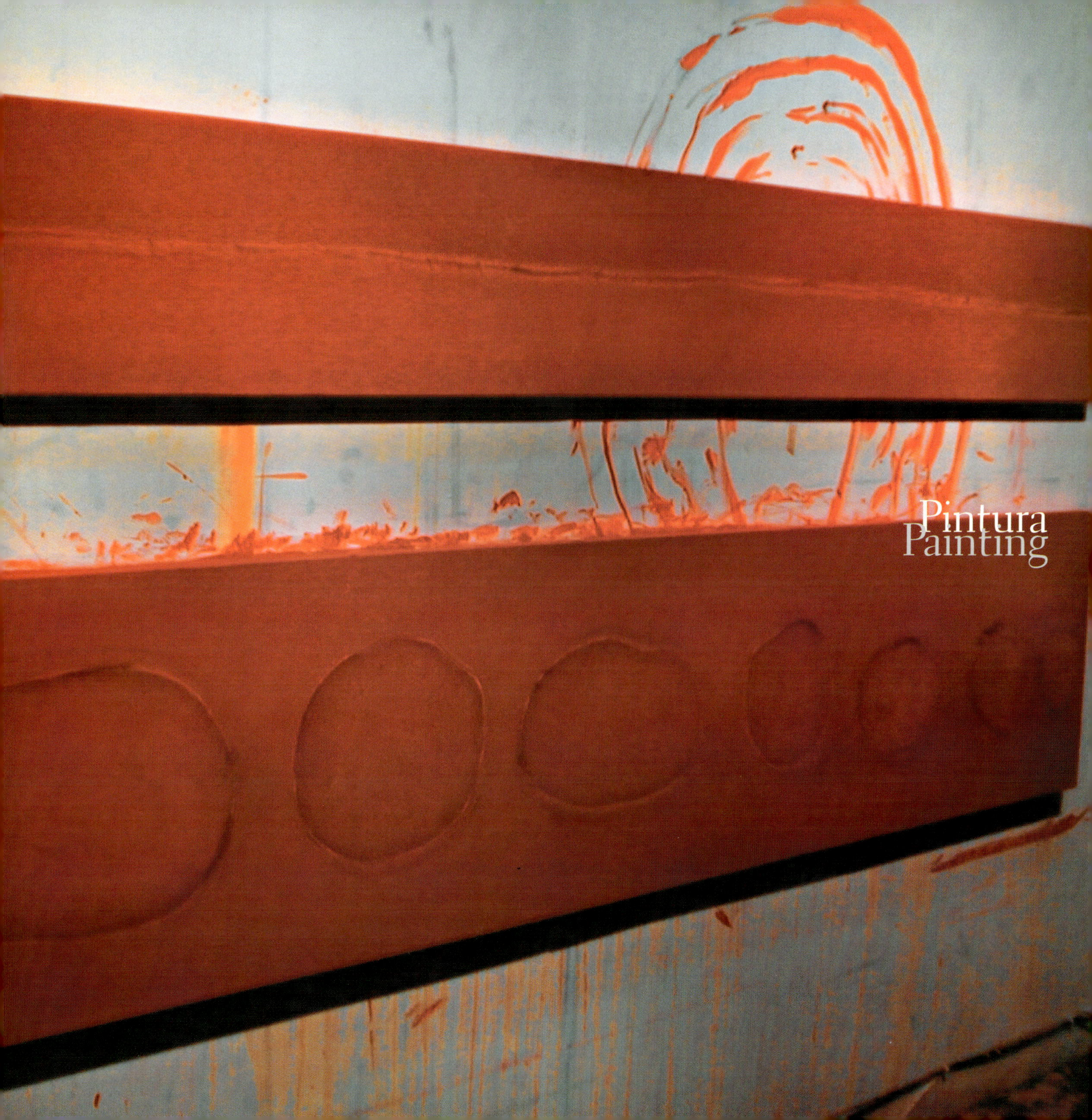

Pintura
Painting

Agnaldo Farias pondera a respeito do trabalho de Renata: "O projeto de Renata Barros retira sua força das diferentes formas de resolução que ela tem obtido.

Trabalho em processo, ainda sem a cristalização de um estilo, ele fascina pela maneira como revela a busca da artista. Trata-se, portanto de uma obra em maturação mas com a força de uma ação exemplar: a procura dessa artista, a construção do seu trabalho é o momento cheio de riscos da poesia platônica adaptada ao mundo contemporâneo; a passagem do mundo visível, do mundo fragmentado e vertiginoso, para a superfície de uma tela". E adiante: "Num primeiro momento, detendo-nos na superfície do seu trabalho, flagramos a atenção da artista toda orientada para as dimensões do mundo e para o diálogo selvagem e incessante que elas estabelecem entre si e que acontece à nossa revelia. Suas telas são reflexões sobre a espessura desse diálogo e resultam em soluções formais que variam do lírico ao abrupto, do pastel à tinta densa, da figura precisada à figura explodida. A artista usa cores em estado puro, trabalha-as com ousadia, escancarando sua expressividade, quer no tratamento de um fundo, quer no tratamento de um detalhe. À acuidade cromática soma-se o equilíbrio da composição; novamente aqui seu trabalho resulta de um esforço de intelecção e realidade. A segurança no trato com as formas permite uma ocupação do campo de tela que por vezes beira a ironia: a rigidez, retangular ou quadrada, também é alvo do seu comentário. Outra lição absorvida que a artista não reluta em dar continuidade". E, finalmente, "...Até o momento a trajetória de Renata Barros é pura pulsação na tarefa inglória de impedir o naufrágio do cotidiano. Filia-se, portanto, a uma das vertentes mais sólidas do pensamento contemporâneo". Expõe desde 1971 e já recebeu vários prêmios: Festival de Artes (interclubes), promovido pelo Clube Monte Líbano, com pintura, 1971 e 1972; Prêmio Chandon (julho de 1984), com exposições no MIS/Paço das Artes, em agosto de 1984, classificada entre as melhores pelos críticos e juri: Flávio de Aquino, Casimiro Xavier de Mendonça, Olney Kruse, Olívio Tavares de Araujo e Alberto Beuttenmuller; exposição no Espaço Lulu Lyon;

Agnaldo Farias considers Renata's work: "The project of Renata Barros draws its strength from the varied forms of resolution she has obtained.

Work in progress, still without the crystallization of a style, it fascinates by the way it reveals the artist's quest. It is therefore a question of a body of work still maturing but with the strength of an exemplary action: the artist's search, her work, is built on that risk-filled moment of platonic poetry, adapted to the contemporary world; the passage from the visible world, the fragmented and dizzy world, to the surface of a canvas". And furthermore: "At first, held by the surface of her work, we discover the attention of the artist totally oriented to the dimensions of the world and to the wild and incessant dialogue they establish among themselves and that takes place unknown to us. Her canvases are reflections on the density of this dialogue and result in formal solutions that range from the lyrical to the abrupt, pastels to thick paint, the precise figure to the exploded figure. The artist uses colors in their pure state, working with them daringly, her expressivity wide open, be it in the treatment of a background, be it in the treatment of a detail. To the chromatic sharpness is added the balance of the composition; here once again her work results from an effort of understanding and reality.

exposição coletiva no Espaço de DHL, classificada pelo juri composto por Arcangelo Ianelli e Ivo Zanini, maio de 1985; Prêmio Chandon (setembro de 1985); com exposição no Paço das Artes MIS/SP, "Prêmio Aquisição", Mostra no Memorial JK, Brasília e no Centro Empresarial Monteiro Aranha/RJ, 10 Premiados do Prêmio Chandon 1985, outubro/novembro 1985; coletiva "Contemporâneos", no Espaço Cultural Jagger's/SP, novembro de 1985; Mostra do Acervo da Galeria Unidade Dois/SP, novembro de1985.

The sureness in her treatment of forms allows for an occupation of the field of the canvas that at times borders on irony: rigidity, rectangular or square, is also commented on. This is another lesson learned that the artist is not reluctant to give continuity to". And, finally, "...Until now Renata Barros' trajectory has been pure pulsation in the inglorious task of preventing the everyday world from capsizing. It is affiliated, therefore, to one of the most solid currents in contemporary thought". She has exhibited since 1971 and has already received several awards: Arts Festival (interclub), organized by the Monte Líbano Club, for painting, 1971 and 1972; Chandon Prize (July, 1984), for exhibitions in the MIS/Paço das Artes, in August of 1984, classified among the best by the critics and jury: Flávio de Aquino, Casimiro Xavier de Mendonça, Olney Kruse, Olívio Tavares de Araujo and Alberto Beuttenmuller; exhibition at the Espaço Lulu Lyon; group exhibition at the Espaço de DHL, classified by the jury made up of Arcangelo Ianelli and Ivo Zanini, may, 1985; Chandon Prize (September, 1985); for an exhibition at the Paço das Artes MIS/SP, "Acquisition Award", Show at the JK Memorial, Brasilia and at the Monteiro Aranha Business Center/RJ, 10 Winners of the Chandon Award 1985, October/November 1985; the "4 Contemporaries" group show, at the Espaço Cultural Jagger's/SP, November, 1985; Show of the Permanent Collection of the Galeria Unidade Dois/SP, November, 1985.

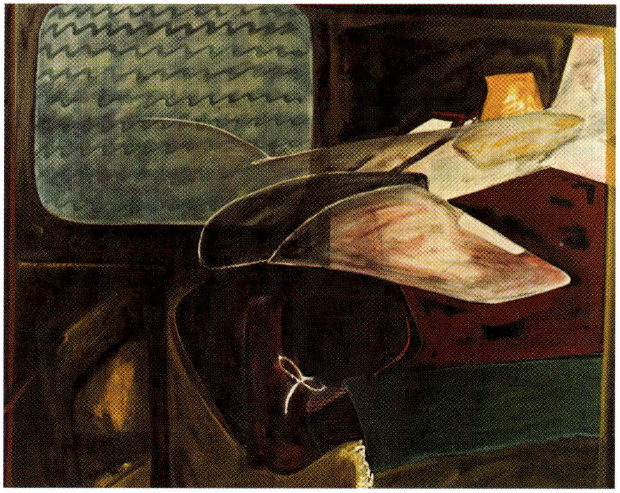

S/Título 1986 100 x 120 cm Acrílico sobre tela Coleção particular
Untitled 1986 100 x 120 cm Acrylic on canvas Private collection

S/Título 1987 100 x 120 cm Acrílico sobre tela Coleção particular
Untitled 1987 100 x 120 cm Acrylic on canvas Private collection

página anterior
S/TÍTULO 1983 100 x 80 cm
Acrílico sobre papelão prensado Col. part.

previous page
UNTITLED 1983 100 x 80 cm
Acrylic on paper Private collection

S/TÍTULO 1984 100 x 90 cm Técnica mista Coleção particular
UNTITLED 1984 100 x 90 cm Mixed media Private collection

S/TÍTULO 1985 90 x 80 cm Técnica mista Coleção particular
UNTITLED 1984 90 x 80 cm Mixed media Private collection

S/TÍTULO 1984 100 x 120 cm
Acrílico sobre tela Coleção Jaime Ruviralta
UNTITLED 1984 100 x 120 cm
Acrylic on canvas Jaime Ruviralta collection

S/TÍTULO 1984 80 x 100 cm
Acrílico sobre tela Coleção particular
UNTITLED 1984 80 x 100 cm
Acrylic on canvas Private collection

ELE ANDA COMO ELE RESPIRA 1984
120 x 140 cm Acrílico sobre tela Coleção particular
HE WALKS AS HE BREATHES 1984
120 x 140 cm Acrylic on canvas Private collection

ELA ANDA COMO ELA RESPIRA 1984
120 x 140 cm Acrílico sobre tela Coleção particular
SHE WALKS AS SHE BREATHES 1984
120 x 140 cm Acrylic on canvas Private collection

Poder atingir a plenitude sem precisar representar pessoas ou objetos com um certo valor social reconhecido, é o que os artistas sempre sentiram e de maneira profunda. Renata Barros soube escolher o objeto mais humilde e dele fez um ensejo pictural que prende (atrai) a atenção e o olhar. A cadeira é declinada em todos os seus trabalhos, ora como uma superfície colorida, ora como conjunto de linhas, ou, ainda, volume. Ela é tudo, a partir do nada. E, no entanto, observando-a sob todos seus estados formais, a cadeira ganha um valor simbólico inesperado. Sua forte presença no quadro, o fato de se tornar uma espécie de personagem principal desse relato figurativo, indica uma ausência. A cadeira vazia, promessa de uma chegada ou lembrança de uma privação, carrega a marca de uma interrogação, e a pintura de Renata força a porta de nossa sensibilidade conferindo a essa questão – a mais fundamental de todas pois ocupa, como a própria cadeira, o centro de nosso cotidiano – a força de uma evidência. A cadeira vazia é, intrinsicamente, a promessa de uma vinda ou a lembrança de uma ausência, ela transporta a carga de nossa inquietude, nela se instala a esperança ou o arrependimento (saudades), nela toma forma nosso próprio tempo, o do cotidiano, do vivido. Se, como nos mostra o trabalho de Renata, a cadeira é uma forma, ela é seguramente – oh, paradoxo – a forma de nossa instabilidade existencial. • **Jacques Leenhardt, 1989.**

Artists have always deeply felt that a painting can be at its best without having to depict people or objects that have a social value. By taking the most ordinary object, Renata Barros was able to turn it into an eyecatching, artistic working opportunity. The chair wares in her paintings, being a coloured surface, a group of lines, volume. From almost nothing, it becomes everything. And yet, all those visual effects give that chair an unexpected, symbolic value. Its intense presence in the painting, the fact that it somehow becomes the protagonist of this figural narration points out an absence. The empty chair, broken or kept promise of an arrival, bears a question. Renatas' art skills picks the lock of our sensitivity by giving it an obvious answer, this question being the most basic one, since it fills our everyday lives, just like the chair fills the picture. The empty chair is in itself a broken or kept promise of an arrival. It reflects the weight of our concern, it contains hope or regret; within it, we can see our own time, present or past. If the chair is a shape, then it is without a doubt – oh, paradox – shape of our existential instability. • **Jacques Leenhardt, 1989.**

S/Título 1988 100 x 120 cm Acrílico sobre tela Coleção particular
Untitled 1988 100 x 120 cm Acrylic on canvas Private collection

O trabalho de Renata L. de Barros parece, sobretudo, uma trajetória na simplificação da cor, das linhas e do tema. O tema tratado em suas últimas telas, a cadeira nos remete em primeira instância, ao problema da utilidade. Suas cadeiras na verdade não servem para sentar. São até mesmo o desarranjo do assento, equilíbrio instável em duas dimensões. Mas num segundo momento, esse desequilíbrio marca a presença de uma ausência humana, aquilo que o assento desarranja, desvincula da cena esvaziando os afetos, ou melhor, deixando apenas os vestígios de uma memória desejando se fazer presente.
A simplificação da cor por vezes chegando ao monocromático não faz mais que atestar esse retorno afetivo, esse tema que insiste na memória. • **Rogério da Costa. Exposição "Cadeiras". IAB – Instituto dos Arquitetos do Brasil, São Paulo, SP, Brasil, 1988.**

The work of Renata L. de Barros seems, above all, a development toward the simplification of color, line and theme. The theme of her most recent pictures, the chair, refers us in the first place to the problem of utility. Her chairs in fact can't be sat on. They even upset the notion of seat, an unstable balance notion of a seat in two dimensions. But after a while, this imbalance marks the presence of a human absence, that which the seat upsets, detaches from the scene, emptying it of affective associations, or better, leaving just the traces of a memory wishing to make itself present. The simplification of the color at times reduced to the monochromatic does no more than attest to this affective return, this theme that persists in the memory. • **Rogério da Costa. "Chairs" Exhibition. IAB – Institute of Brazilian Architects, São Paulo, SP, Brazil, 1988.**

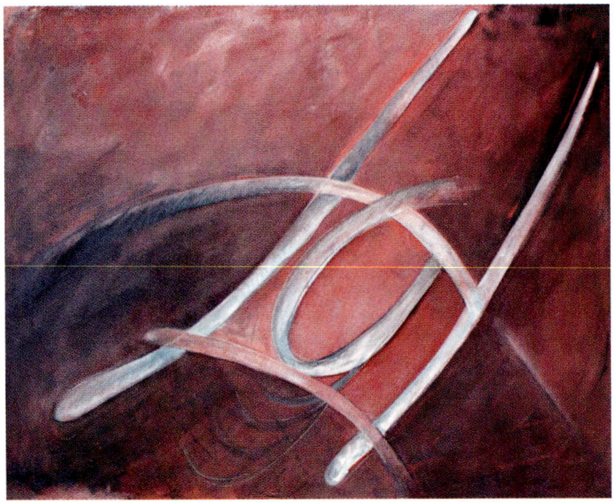

S/TÍTULO 1988 100 x 120 cm
Acrílico sobre tela Coleção particular
UNTITLED 1988 100 x 120 cm
Acrylic on canvas Private collection

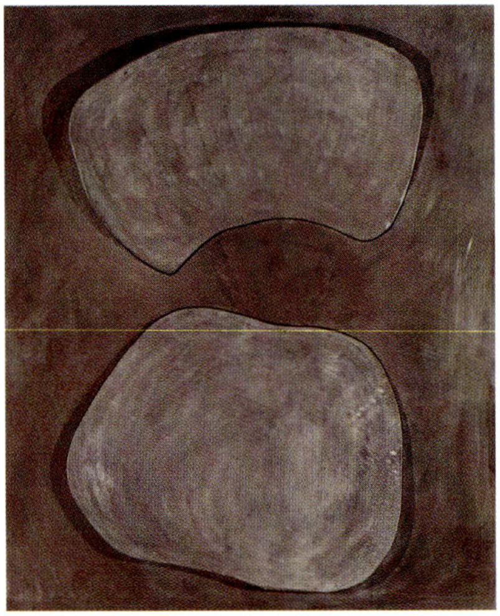

S/TÍTULO 1988 120 x 150 cm
Acrílico sobre tela e madeira recortada Coleção da artista
UNTITLED 1988 120 x 150 cm
Acrylic on canvas and wood cutout Artist collection

S/TÍTULO 1989 120 x 150 Acrílico sobre tela Coleção particular
UNTITLED 1989 120 x 150 Acrylic on canvas Private collection

S/Título 1988 100 x 90 cm Acrílico sobre tela Coleção Adriana Penteado
Untitled 1988 100 x 90 cm Acrylic on canvas Adriana Penteado collection

Detalhe
Detail

Museu de Arte Contemporânea da Universidade de São Paulo

A artista preocupa-se em sintetizar no espaço pictórico o dualismo do consciente – desenho, formas, cores, abstrações –, com o inconsciente – significações, automatismos, lirismo. Uma sugestão implícita de que os procedimentos formais e espontâneos são conciliáveis. Seu vocabulário se atém ao espaço determinado pelo suporte e possibilitado pelas cores e leves traços. O nosso olhar percorre a obra e a "tradução" que se faz é a da certeza calculada dos elementos. Suas relações interiores com o espaço e a intuição absoluta do resultado, um processo de relacionamento como um meio de sugerir um mundo de "relações plásticas". Renata Barros se vale de seu profundo conhecimento das cores, de transparências de aquarelas, para criar um campo compacto e ao mesmo tempo sutil, sobreposto de tons. Essas aparentes transparências são "agredidas" por pequenos e delicados traços que interrompem e fixam nosso olhar. São sintetizações de mundos vivenciados. Nesta exposição, um desses elementos se transforma em objeto e as "rodas", formas orgânicas, se deslocam das superfícies da tela para as superfícies da parede. Em outro momento, o negativo de um objeto é constituído em seu positivo e vemos nascer uma nova obra, que, justamente, incorpora esses conceitos, aos quais ainda se poderia juntar o de vazio e pleno. Na pintura, as cores, na madeira, o recorte, "reproduzem uma imagem como reproduzem um texto". **• Elvira Vernaschi, Re-flexos Exposição da Imagética Brasileira e de Miró, 1992.**

Museum of Contemporary Art of the University of São Paulo

The artist is concerned with synthesizing within the pictorial space the dualism of the conscious – drawing, forms, colors, abstractions – with the unconscious – meanings, automatism, lyricism. An implicit suggestion that formal and spontaneous procedures are reconcilable. Her vocabulary touches on the space determined by the support and made possible by colors and lightly traced lines. Our eye gazes at the work, and the "translation" that it makes is of the calculated certainty of its elements. Its internal relationships within the space and the absolute intuition of the result, a relationship process as a means of suggesting a world of "plastic relations". Renata Barros makes use of her profound knowledge of colors, transparency and water-color, to create a compact and at the same time subtle field, of superimposed tones. These apparent transparencies are "attacked" by small and delicate lines that intercept and catch our eye. They are syntheses of lived in worlds. In this exhibition, one of these lived-in elements is transformed into an object and the "wheels", organic forms, extend from the surface of the canvas to the surface of the wall. In another, the negative of an object is made into its positive and we see a new work being born, that incorporates these concepts exactly, to which could still be added those of emptiness and completeness. In the painting, the colors; in wood, the cutout, "reproduce an image as they reproduce a text". **• Elvira Vernaschi, Re-flexos Imagética Brasileira e de Miró exibition, 1992.**

Vista da exposição no MAC Ibirapuera, São Paulo
View of the exhibition at MAC Ibirapuera, Sao Paulo

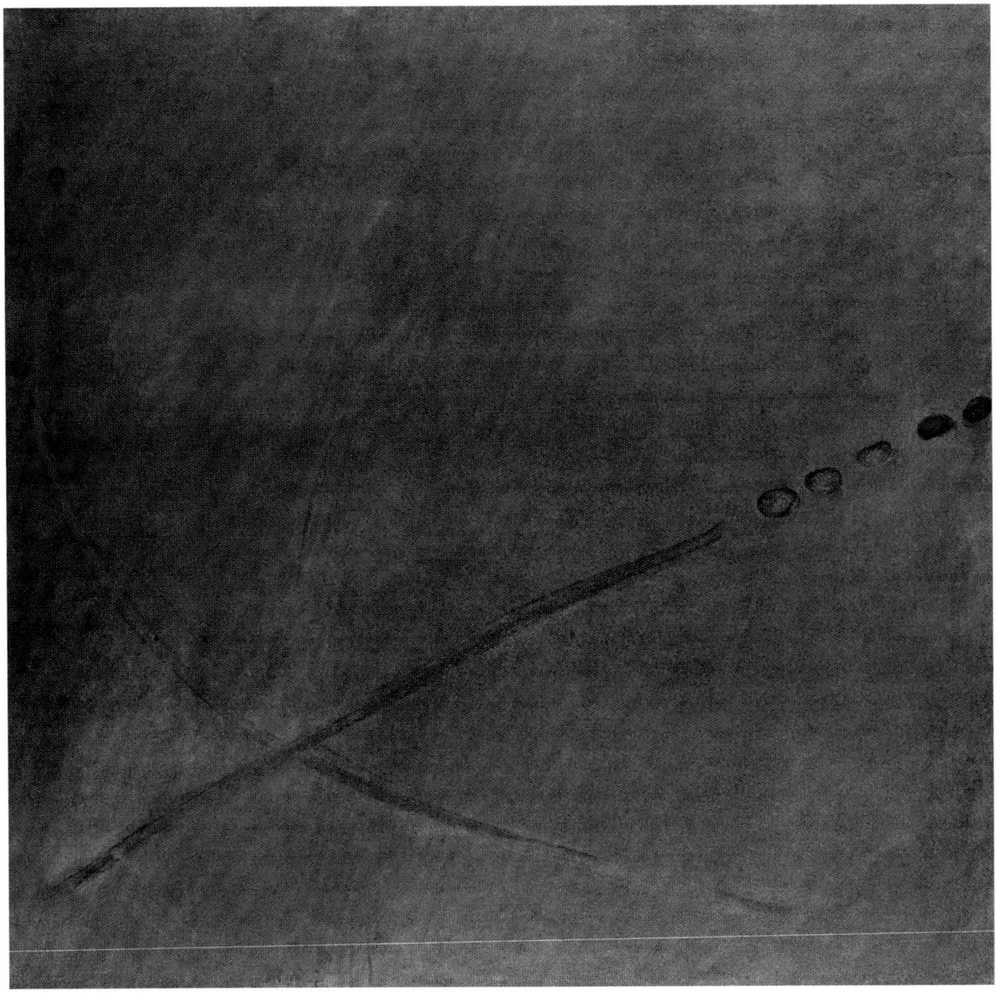

S/TÍTULO 1992 120 x 120 cm Acrílico sobre tela Coleção particular
UNTITLED 1992 120 x 120 cm Acrylic on canvas Private collection

S/TÍTULO 1992 120 x 120 cm Acrílico sobre tela Coleção particular
UNTITLED 1992 120 x 120 cm Acrylic on canvas Private collection

S/TÍTULO 1992 120 x 120 cm
Acrílico sobre tela Coleção particular
UNTITLED 1992 120 x 120 cm
Acrylic on canvas Private collection

S/TÍTULO 1993 120 x 120 cm
Acrílico sobre tela Coleção particular
UNTITLED 1993 120 x 120 cm
Acrylic on canvas Private collection

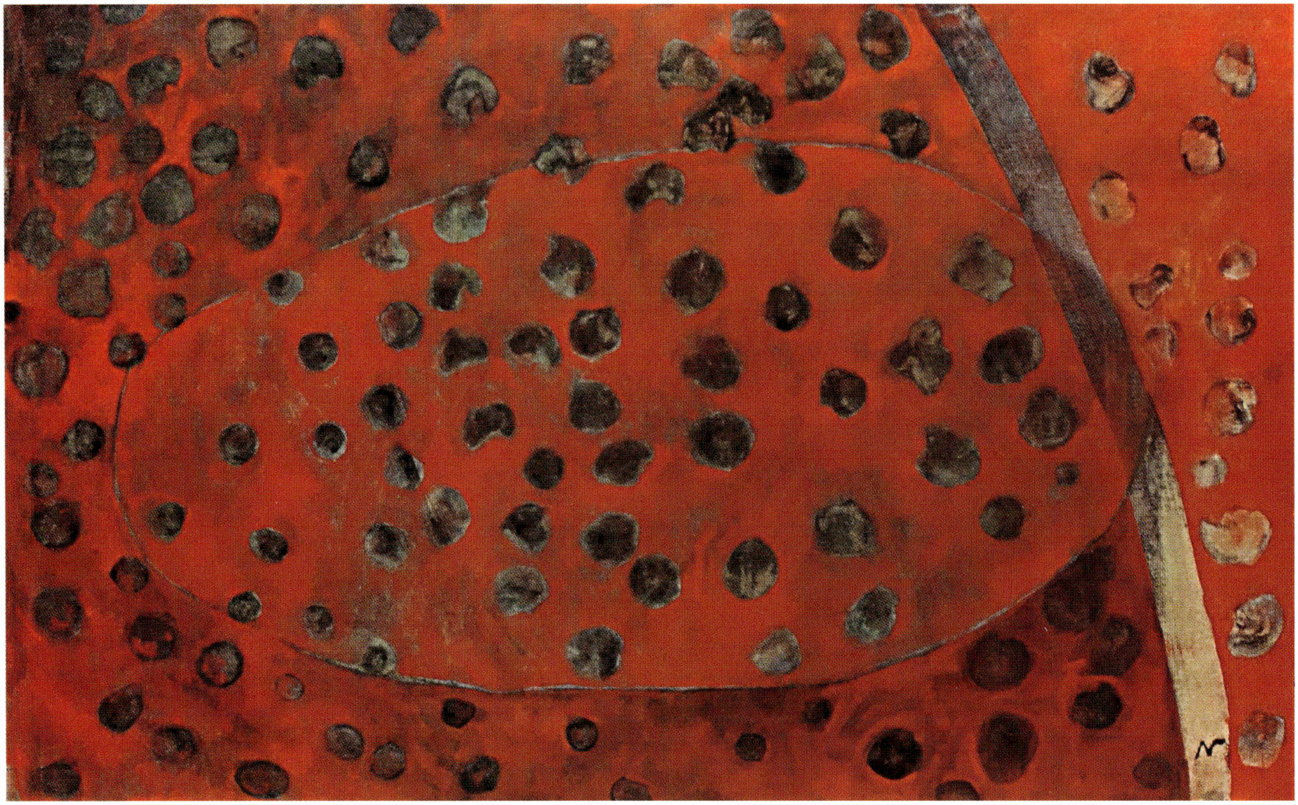

S/TÍTULO 1992 120 x 200 cm Acrílico sobre tela Coleção particular
UNTITLED 1992 120 x 200 cm Acrylic on canvas Private collection

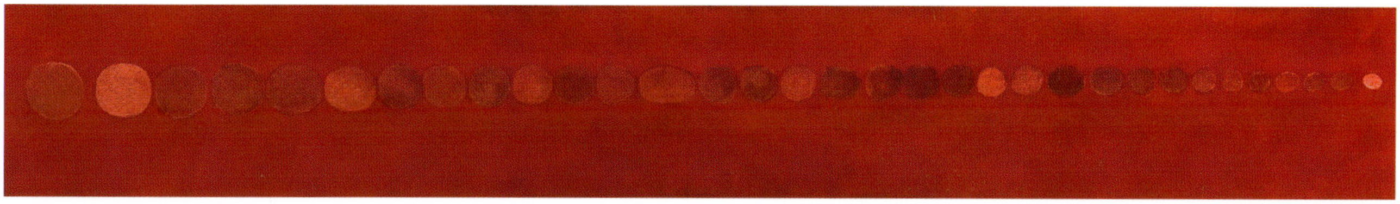

S/TÍTULO 1993 30 x 200 cm 1 Acrílico s/tela 2 Lona crua, desenho e cola Coleção particular
UNTITLED 1993 30 x 200 cm 1 Acrilyc on canvas 2 Canvas, drawing and glue Private collection

S/TÍTULO 2003 110 x 190 cm Técnica mista sobre tela Coleção particular
UNTITLED 2003 110 x 190 cm Mixed media on canvas Private collection

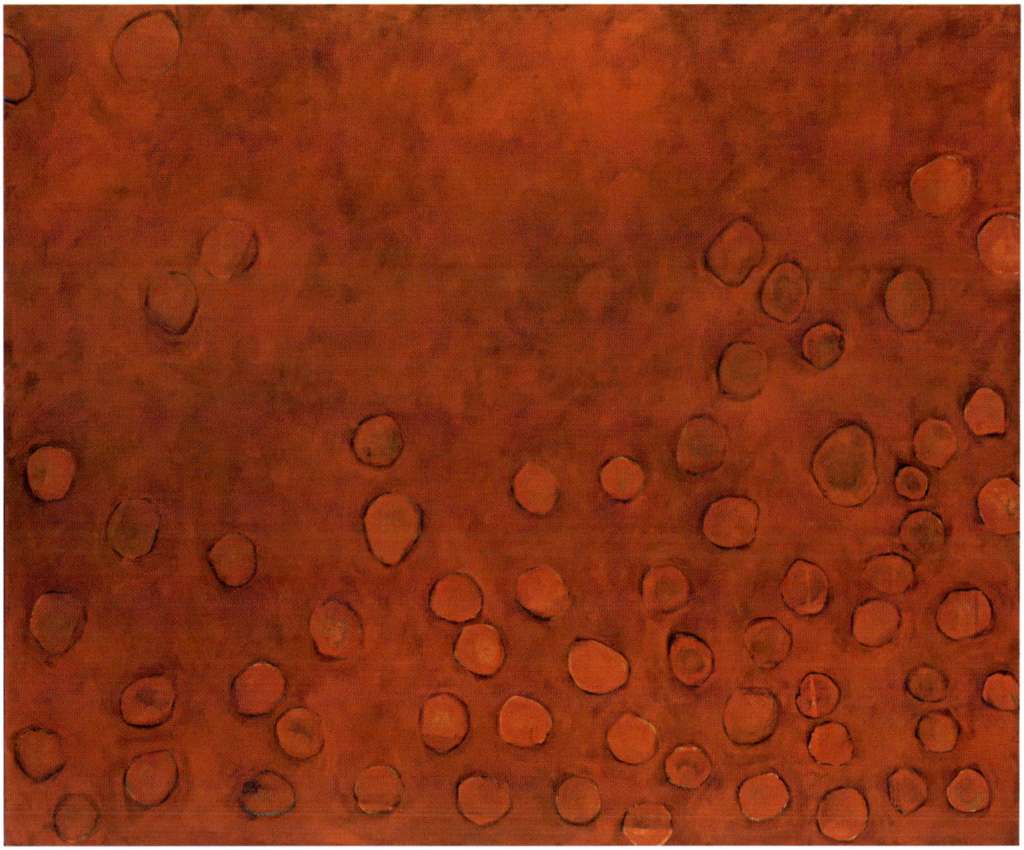

S/TÍTULO 1992 110 x 120 cm Acrílico sobre tela Coleção particular
UNTITLED 1992 110 x 120 cm Acrylic on canvas Private collection

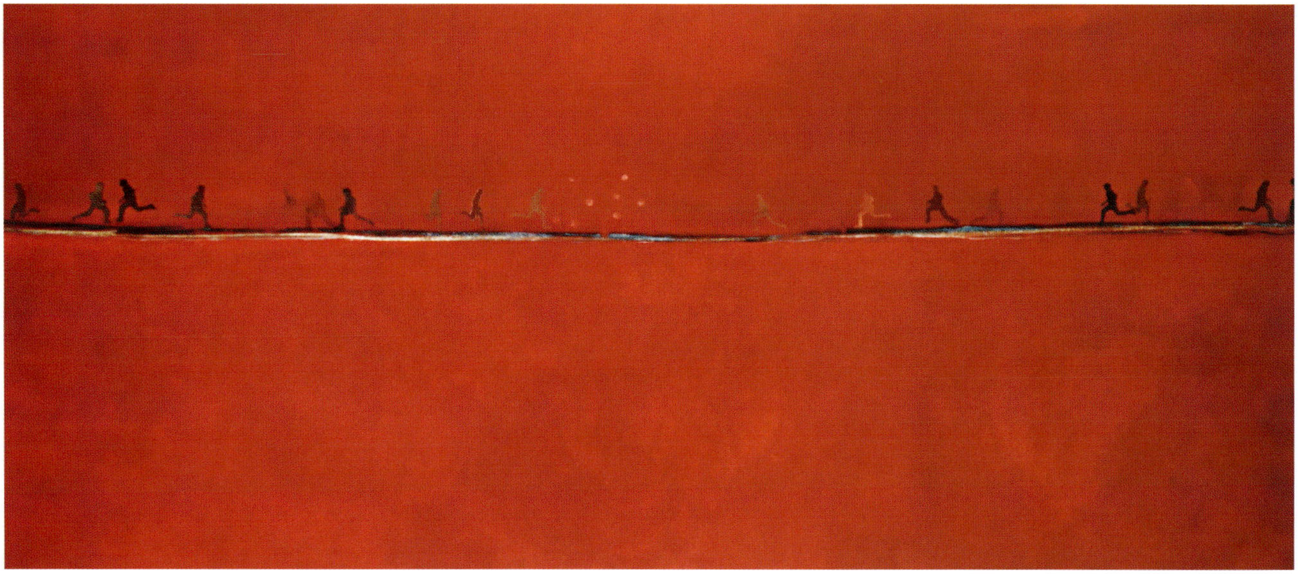

S/TÍTULO 2003 85 x 190 cm
Acrílico sobre tela Coleção particular
UNTITLED 2003 85 x 190 cm
Acrylic on canvas Private collection

CABEÇA 2001 130 x 150 cm
Acrílico sobre tela Coleção da artista
Head 2001 130 x 150 cm
Acrylic on canvas Artist collection

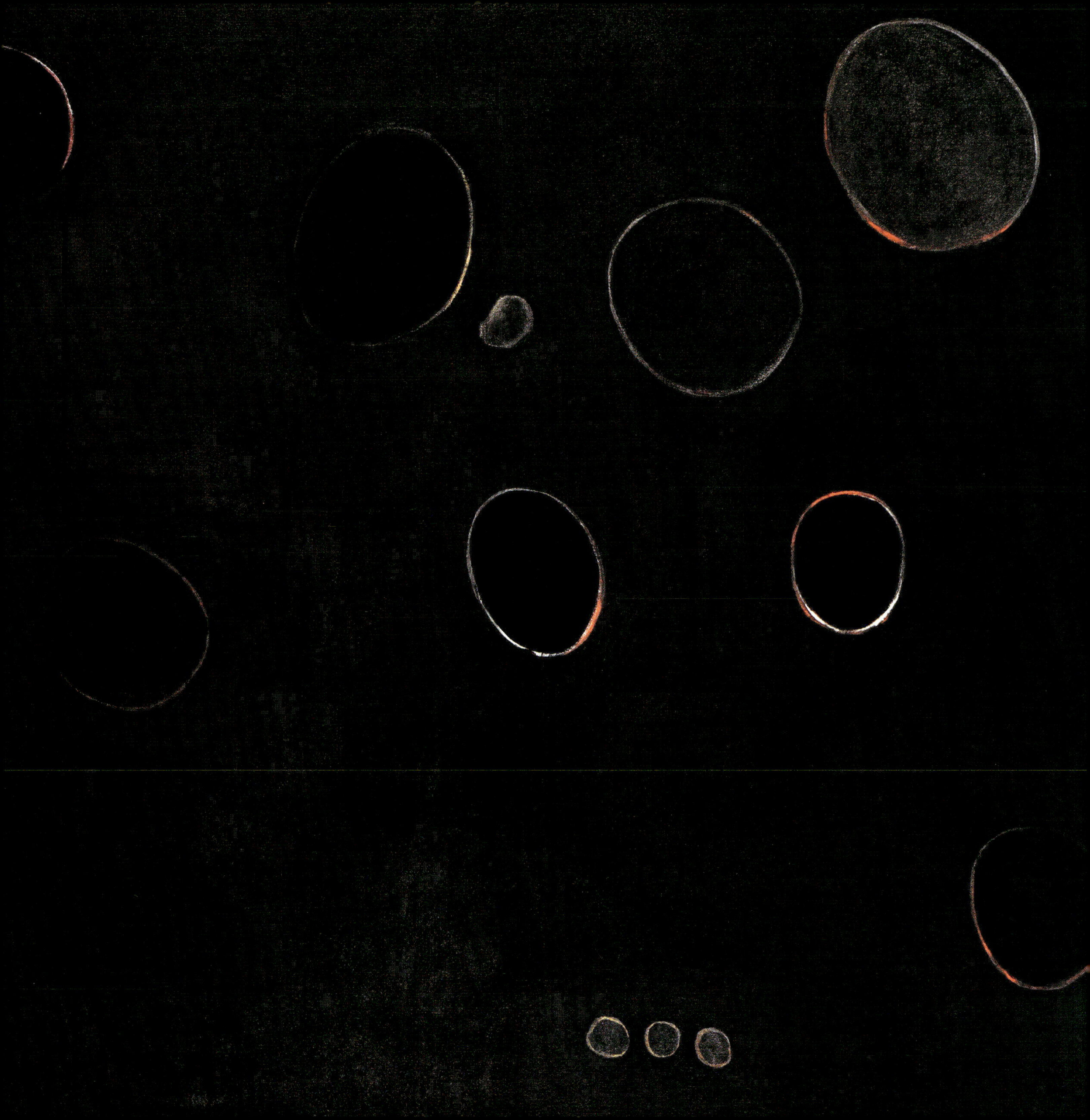

S/TÍTULO 1992 120 x 120 cm
Acrílico sobre tela Coleção particular
UNTITLED 1992 120 x 120 cm
Acrylic on canvas Private collection

S/TÍTULO 1999 100 x 100 cm
Acrílico sobre tela cortada Coleção Marcus Koch
UNTITLED 1999 100 x 100 cm
Acrylic on canvas cutout Marcus Koch collection

Renata Barros por Katia Canton

Até 1988, Renata Barros era uma artista figurativa,interessada em retratar detalhadamente cenas do cotidiano urbano. Mas a partir daí, os detalhes foram para o foco das obras e perderam a moldura do cenário geral. O trabalho passou pelo que a artista chama de uma limpeza. E, posteriormente, por uma cirurgia, onde Barros foi desmembrando e recortando pequenas formas. Por outro lado, ela apaixonou-se pelos rabiscos inconscientes, produzidos, por exemplo, enquanto se fala ao telefone. Pois o rabisco tornou-se estrela do trabalho de Renata Barros. Aplicados à tela, automaticamente, eles são ora ignorados, ora reforçados até tomarem corpo e forma. É o caso da série "postes de luz". Apesar de fazerem parte do imaginário infantil da artista, fascinada com aquelas imagens quando menina, os postes não são nada mais do que rabiscos rápidos, sutilmente induzidos que, reforçados ganham imagens nítidas. O importante para ela, é que esses postes que também são cruzes, sejam "moles" isto é, que tenham formas não geométricas, quase orgânicas, o que contraria seu formato real. Além dessa ação construtiva da forma, Barros preocupa-se com a "peles" da tela. Algumas vezes torna suas superfícies mais opacas, outras vezes mais transparentes. Os postes resultam dessa preocupação: podem nascer de reforços de tinta grossa e escura, ou, ao contrário, de elementos vazados de cor. Sem abdicar do prazer da tradição de pintar uma tela, esses artistas contemporâneos propõem formas de pintura que combinam linguagens. Eis uma atitude artística dos anos 90. • **Katia Canton – Crítica de Artes, Docente e Curadora do Museu de Arte Contemporânea da Universidade de São Paulo. São Paulo, exposição em 1995.**

Renata Barros by Katia Canton

Up to 1988, Renata Barros was a figurative artist, interested in portraying in detail scenes from urban life. But from then on, the details became the focus of the works and lost the framing of the general scenario. The work went through what the artist calls a cleaning process. And, afterwards, through surgery, where Barros began dismembering and cutting out small shapes. On the other hand, she fell in love with unconscious doodles, produced, for example, while speaking on the telephone. So the doodle became the star of Renata Barros' work. Applied to the canvas, automatically, they are either ignored, or reinforced until they take on body and form. That's the case with the series "lampposts". Although being part of the childhood imagination of the artist, who was fascinated by those images as a girl, the posts are no more than rapid scribbles, subtly induced, that once reinforced become sharp images. The important thing for her is that these posts, that are also crosses, be "soft", that is, have non-geometrical shapes, almost organic, which contradicts with their true shape. Besides this constructive action of the form, Barros concerns herself with the "skins"of the canvas. Sometimes she makes her surfaces more opaque, other times more transparent. The posts are a result of this concern: they may be born through the reinforcement of thick, dark paint or, on the contrary, by elements drained of color. Without abdicating the traditional pleasure of painting a canvas, these contemporary artists suggest ways of painting that combine languages. There we have an artistic attitude for the nineties. • **Katia Canton – Art Critic, Professor and Curator of the Contemporary Art Museum of São Paulo University. São Paulo, exibition on 1995.**

página anterior
S/TÍTULO 1995 140 x 150 cm
Acrílico sobre tela Coleção particular
previews page
UNTITLED 1995 140 x 150 cm
Acrylic on canvas Private collection

S/TÍTULO 1995 140 x 150 cm
Acrílico sobre tela Coleção particular
UNTITLED 1995 140 x 150 cm
Acrylic on canvas Private collection

S/TÍTULO 1995 140 x 150 cm
Acrílico sobre tela Coleção particular
UNTITLED 1995 140 x 150 cm
Acrylic on canvas Private collection

Memória
só sobrará a
do inconsciente fator
o resto como isso
e dados, o
para computador

It's iLogical to
be Logical

S/TÍTULO Dimensão variável Acrílico sobre tela
UNTITLED Variable mesurement Acrylic on canvas

ÍRIS 1998 Medidas variáveis Técnica mista sobre tela
ÍRIS 1998 Variable measure Mixed media on canvas

S/TÍTULO 2003 Díptico 60 x 180 cm Acrílico sobre tela Coleção particular
UNTITLED 2003 Diptych 60 x 180 cm Acrylic on canvas Private collection

S/TÍTULO 2002 30 x 10 cm Acrílico sobre tela Coleção particular
UNTITLED 2002 30 x 10 cm Acrylic on canvas Private collection

S/TÍTULO 2002 Díptico 30 x 190 cm Acrílico sobre tela Coleção particular
UNTITLED 2002 Diptych 30 x 190 cm Acrylic on canvas Private collection

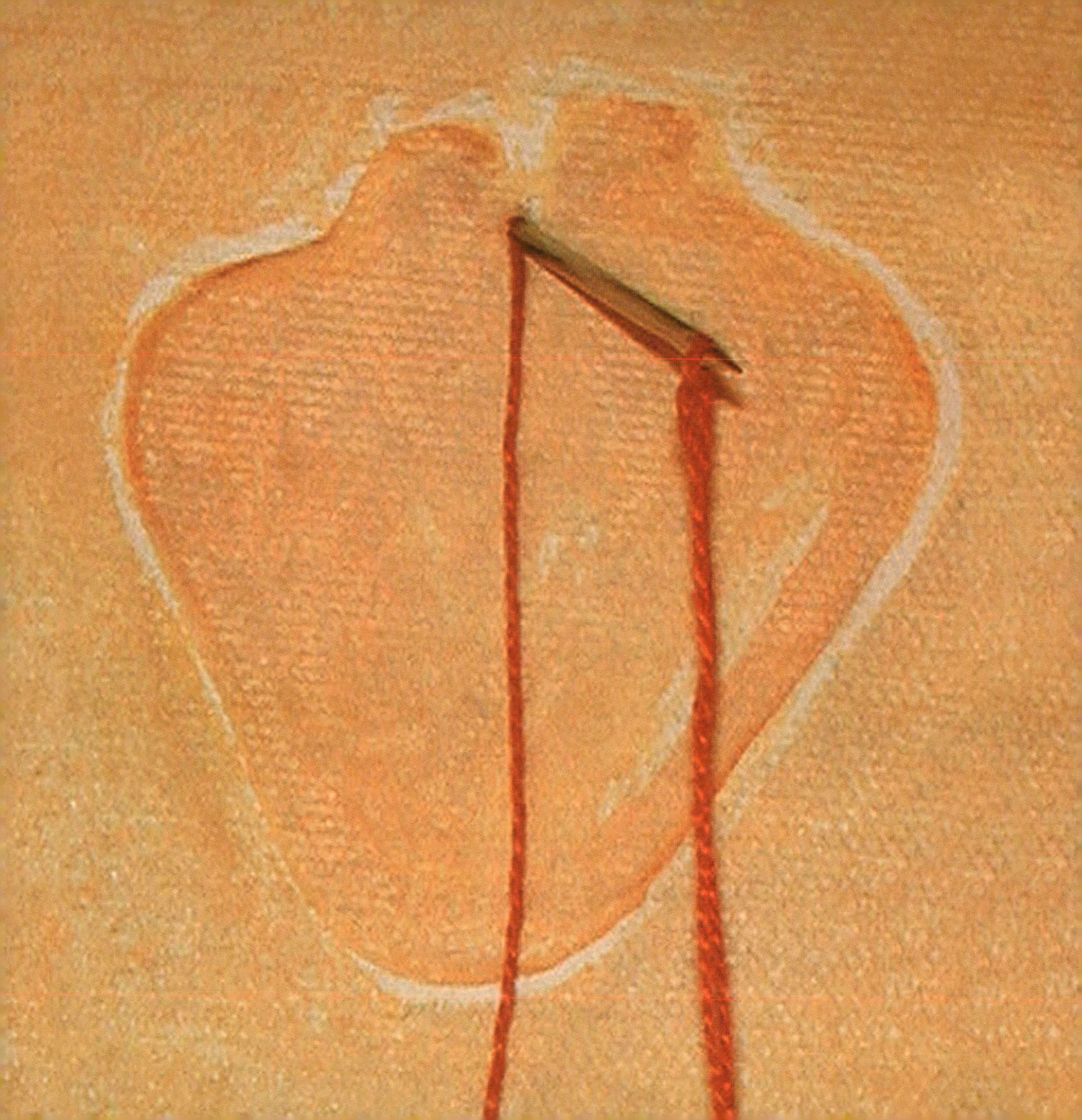

Detalhe
Detail

Corações por um fio I   2001   20 x 20 cm   Acrílico sobre tela, agulhas e linhas   Coleção particular
Hearts by a thread I   2001   20 x 20 cm   Acrylic on canvas, needles and tread   Private collection

S/TÍTULO 2004 Díptico 30 x 130 cm cada Acrílico sobre tela Coleção particular
UNTITLED 2004 Diptych 30 x 130 cm each Acrylic on canvas Private collection

S/TÍTULO 2004 Díptico 120 x 80 cm e 120 x 20 cm Acrílico sobre tela Coleção particular
UNTITLED 2004 Diptych 120 x 80 cm e 120 x 20 cm Acrylic on canvas Private collection

Recorte
Cutout

Slices

SLICES, como afirma Renata Barros, surgiu da idéia de ampliar um traço que passa despercebido, com freqüência desperdiçado, e recortá-lo em madeira usando a parede no lugar do papel. A artista trabalha a madeira despreocupada em explorar a expressividade própria desse material para utilizá-lo apenas como suporte. Sua linguagem é construída através do recorte e da cor. Apesar de ter estudado com Carlos Fajardo e Cássio Michalany, Renata elabora seus objetos dentro de um tratamento próprio de matéria e cor. Mesmo o desenvolvimento dos temas adotados segue um percurso pessoal diferente de seus antigos mestres. A carpintaria de seus trabalhos provavelmente teve origem nos recortes de Baravelli, de quem foi assistente, mas essa prática é incorporada de forma diversa. Baravelli de fato não a influenciou nesse procedimento, apenas abriu caminho para um novo recurso técnico. Na fase atual, abstrata e sem relação com a figuração, percebe-se que há um ponto de partida que se relaciona com a escrita. Sugerem aquele tipo de anotação mecânica, rabiscos do inconsciente, que não pretendem constituir-se em signos, mas que constituem elementos gráficos indisciplinados. Quando telefonamos ou participamos de uma reunião e rabiscamos no papel de anotações que carecem de significado, irremediavelmente o destino dessas grafias é a lata do lixo. A artista procura recuperar esse tipo de anotação gráfica: "rabiscos, desenhos improvisados como feitos em férias, ampliados traduzem o nosso cotidiano interior que pouco consideramos. E porque desperdiçá-los!" Reproduzir uma imagem como reproduzir um texto é assim que Renata Barros conceitua os SLICES. Seus trabalhos, apesar de conterem preocupações próprias da arte contemporânea, incorporam aspectos da tradição abstrata. Lembram certos elementos da pintura de um Fautrier. Parece recuperar determinadas grafias do abstracionismo expressionista, dos pintores europeus da segunda pós-guerra. Entretanto, é a própria artista que define sua exposição: "O suporte do desenho é o

Slices

SLICES, as Renata Barros states, emerged from the idea of amplifying a line that goes unnoticed, frequently wasted, and cut it out in wood using the wall in the place of paper. The artist works on the wood unconcerned with exploring its inherent expressivity as a material to use it simply as a support. Her language is built through cutout and color. Despite having studied with Carlos Fajardo and Cássio Michalany, Renata prepares her objects using a treatment of material and color that's all her own. Even the development of her chosen themes follows a personal path different from that of her old masters. The carpentry in her works probably originated in the cutouts of Baravelli, for whom she was an assistant, but this practice is incorporated in various ways. Baravelli in fact didn't influence her with this procedure, he merely opened the way to a new technical resource. In her current phase, abstract and unrelated to the figurative, it can be seen that there is a starting point related to writing.

papel, na xilo a madeira, neste caso o suporte é a parede. Um passeio entre quatro paredes rabiscadas e desenhadas". **• Fábio Magalhães – Conservador Chefe – Museu de Arte de São Paulo – 1991.**

They resemble that mechanical kind of note-taking, doodles from the unconscious, that don't intend to constitute signs, but are made up of undisciplined graphic elements. When we are on the telephone or participating in a meeting and we doodle on the note-paper meaninglessly, the destination of these writings is inevitably the garbage bin. The artist seeks to recuperate this kind of graphic annotation: "doodles, improvised drawings made on holiday, when amplified translate that interior day-to-day world we pay so little attention to. And why waste them?" Reproducing an image as we reproduce a text, that's how Renata Barros conceptualizes her SLICES. Her works, although they contain concerns characteristic of contemporary art, also incorporate aspects of the abstract tradition. They are reminiscent of certain elements of the painting of a Fautrier. They seem to recuperate certain uses of writing from abstract expressionism, from the post-second world war European painters. However, it's the artist herself who defines her exhibition: "The support for a drawing is paper, for the woodcut it's wood, in this case the support is the wall. A stroll around four walls that have been scribbled and drawn on". **• Fábio Magalhães – Chief Conservator – São Paulo Museum of Art – 1991.**

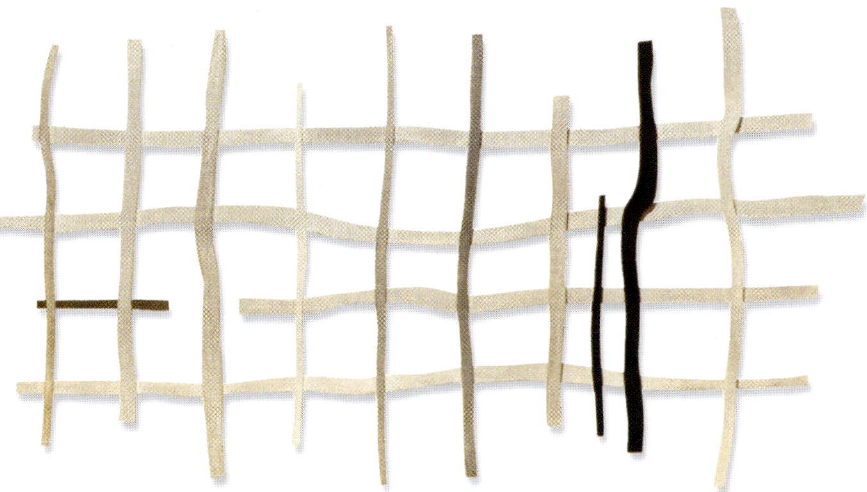

S/TÍTULO 1991 130 x 10 cm Madeira recortada Coleção particular
UNTITLED 1991 130 x 10 cm Wood cutout Private collection

S/TÍTULO 1990 110 x 50 cm Madeira recortada Coleção particular
UNTITLED 1990 110 x 50 cm Wood cutout Private collection

S/Título 1991 150 x 150 cm Pigmento sobre madeira recortada Coleção particular
Untitled 1991 150 x 150 cm Pigments on wood cutout Private collection

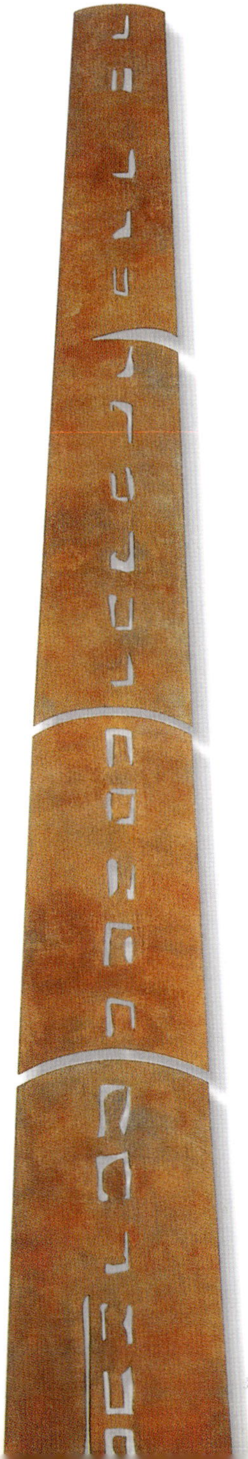

METRO GOLD MAYA 1991
200 x 30 cm
Acrílico sobre madeira
Coleção particular

METRO GOLD MAYA 1991
200 x 30 cm
Acrylic on hardboard wood
Private collection

Vista da exposição no Masp de Project for the rest of my life III 1991

View of the Masp exhibition Project for the rest of my life III 1991

PROJECT FOR THE REST OF MY LIFE I 1988
15 x 200 cm Pigmento sobre madeira recortada

PROJECT FOR THE REST OF MY LIFE I 1988
15 x 200 cm Pigments on wood cutout

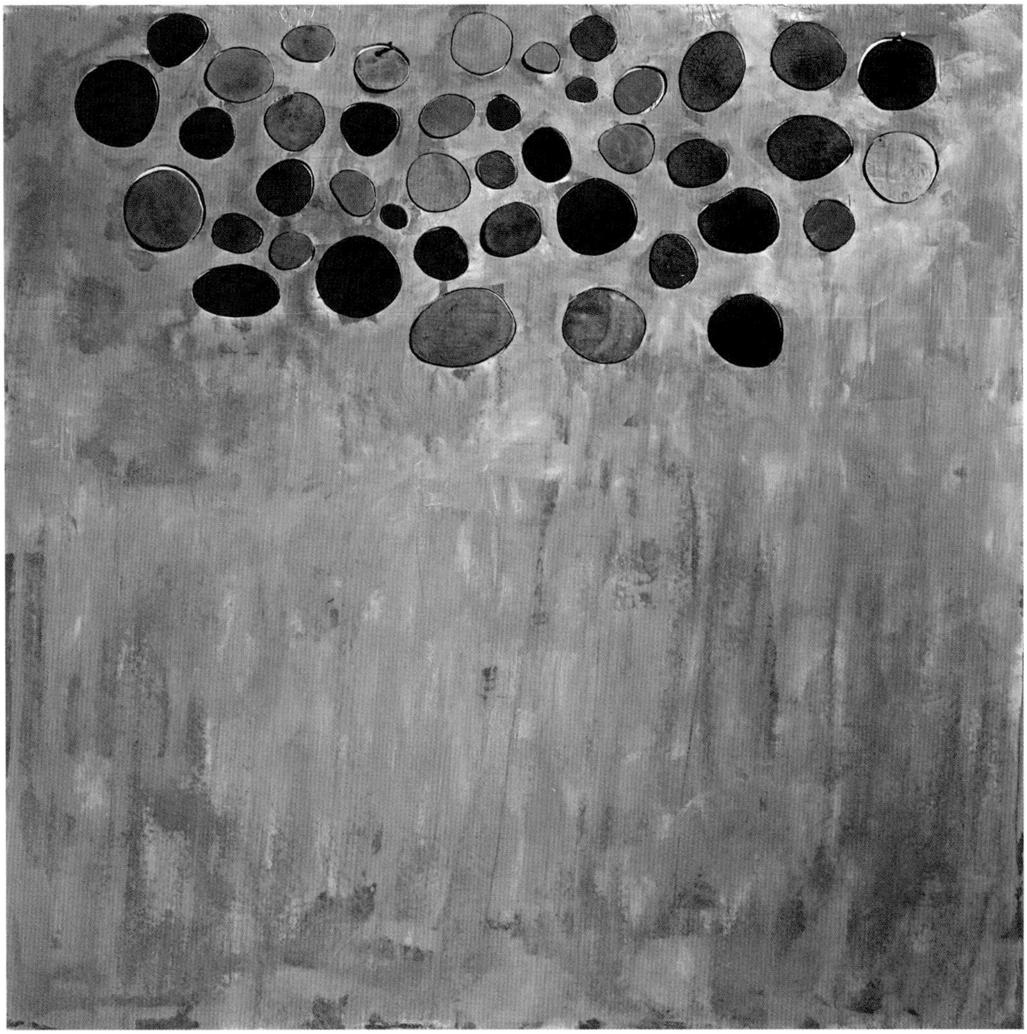

S/Título 1990 120 x 120 cm Acrilico sobre madeira e recortes Coleção particular
Untitled 1990 120 x 120 cm Acrylic on wood and cutouts Private collection

S/Título 1988
200 x 30 cm
Instalação na parede
Encáustica sobre madeira
Coleção particular

Untitled 1988
200 x 30 cm
Wall installation
Encaustic on wood
Private collection

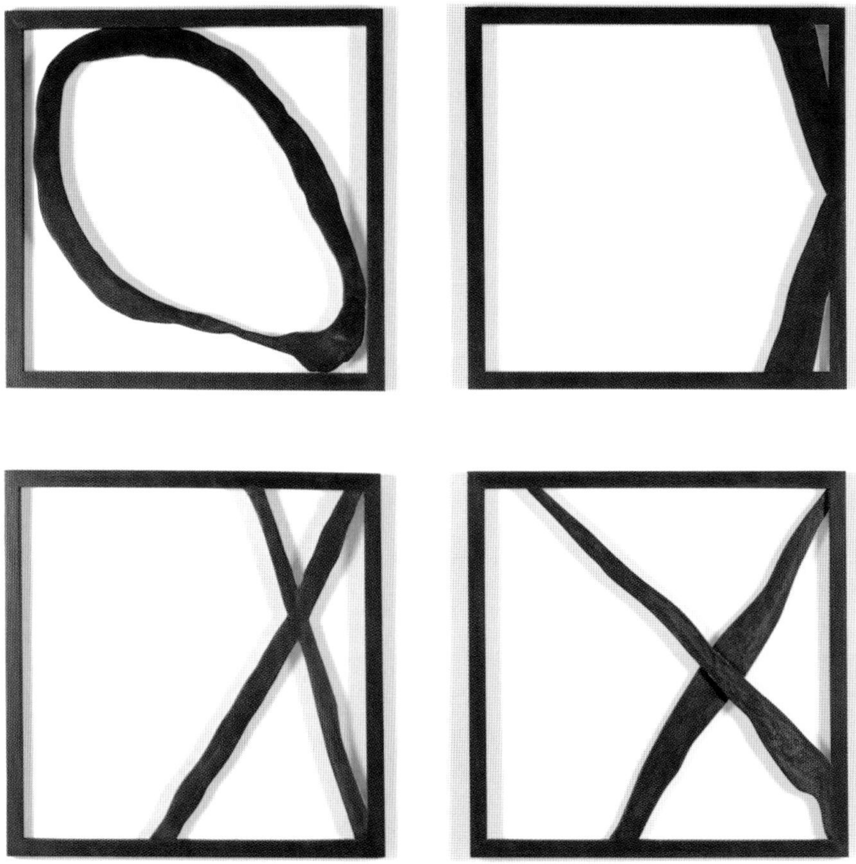

S/TÍTULO 1992 60 x 60 cm Pigmento de grafite sobre madeira recortada
UNTITLED 1992 60 x 60 cm Graffiti pigment on wood cutout

Exposição no MAC, São Paulo 1992
View of exhibition in MAC, Sao Paulo 1992

S/Título 1991 Medida variável Instalação de canto
Acrílico sobre tela e madeira recortada Coleção particular
Untitled 1991 Variable measure Installation on corner
Acrylic on canvas over wood cutout Private collection

Landscape Too 1991 módulos 100 x 85 cm e 100 x 26 cm
Acrílico e pó de grafite sobre madeira recortada Coleção particular
Landscape Too 1991 100 x 85 cm e 100 x 26 cm modules
Graffiti and acrylic on wood cutout Private collection

LANDSCAPE ONE 1991 2 módulos, 150 x 120 cm e 170 x 45 cm
Acrílico sobre madeira recortada Coleção particular

LANDSCAPE ONE 1991 2 modules, 150 x 120 cm and 170 x 45 cm
Acrylic on wood cutout Private collection

S/TÍTULO 1995 220 x 160 cm Técnica mista
Coleção Metrópolis, Fundação Padre Anchieta

UNTITLED 1995 220 x 160 cm Mixed media
Metropolis collection, Fundação Padre Anchieta

Landscape Tree 1991 220 x 250 cm Acrílico sobre madeira recortada Coleção particular
Landscape Tree 1991 220 x 250 cm Acrylic on wood cut out Private collection

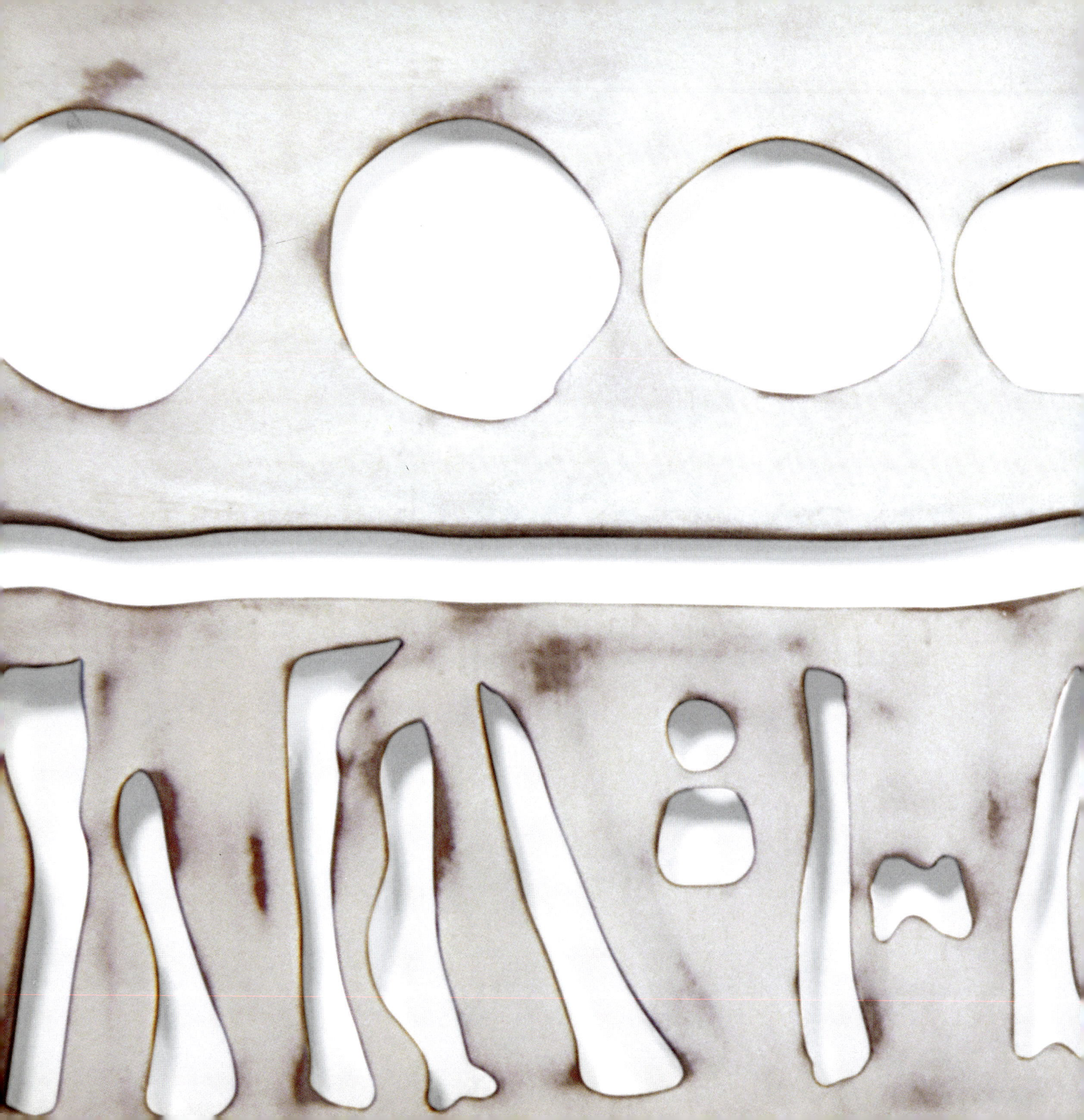

Biblioteca II 1993 (detalhe)
Pigmento sobre madeira recortada Coleção particular
Library II 1993 (detail)
Pigment on wood cutout Private collection

Biblioteca 1991 2 módulos, 200 x 35 cm e 150 x 35 cm
Pigmento metálico sobre madeira recortada Coleção do MASP
Library 1991 2 modules, 200 x 35 cm e 150 x 35 cm
Metallic pigments on wood cutout MASP collection

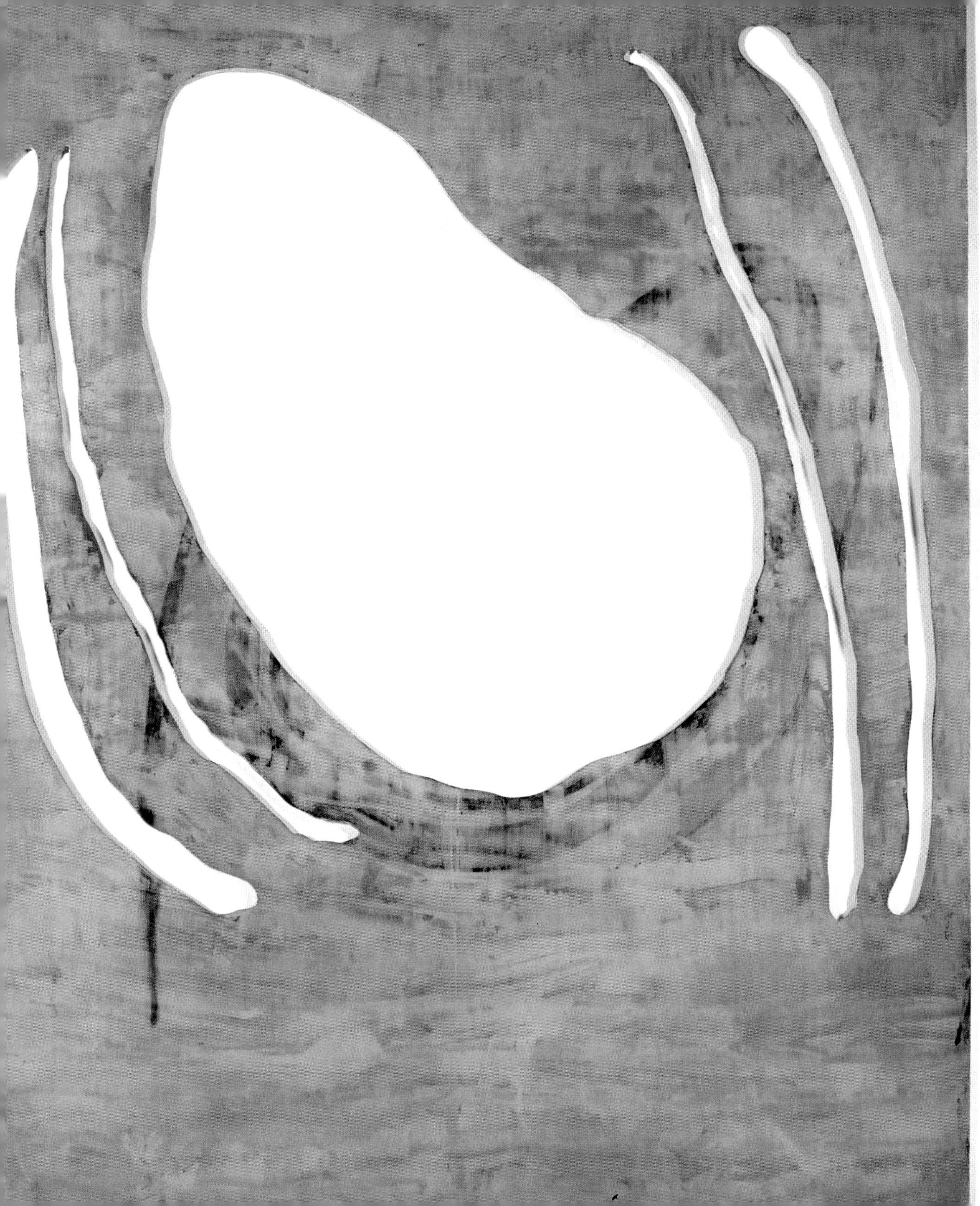

S/TÍTULO 1992 220 x 160 cm Acrílico e resina sobre madeira recortada
Coleção MAC - Museu de Arte Contemporânea do Paraná

UNTITLED 1992 220 x 160 cm Acrylic and resin on wood cutout
Collection MAC - Museu de Arte Contemporânea do Paraná

S/TÍTULO 1992 160 x 150 cm
Acrílico sobre madeira recortada Coleção da artista

UNTITLED 1992 160 x 150 cm
Acrylic on wood cutout Artist collection

Estranhamento e alienação

A observação do desenvolvimento do trabalho artístico de Renata Barros torna cada vez mais evidente uma tendência para o estranhamento e, ao mesmo tempo, o emprego cada vez mais abrangente de diferentes técnicas e a experimentação com diversos materiais. Um dos materiais orgânicos preferidos por ela é a madeira. No início da década de noventa surgiram "paisagens" ou "bibliotecas", que eram recortadas em placas finas de madeira e instaladas nas paredes, como estruturas gráficas. As formas assim surgidas, negativas e positivas, foram trabalhadas por Renata Barros à maneira das silhuetas recortadas com tesoura, a partir dessas superfícies finas, e foram submetidas por ela a uma nova ordem, justapondo-as ou cruzando-as entre si. Outros trabalhos em madeira são transferências diretas de linhas conduzidas livremente como se fossem "desenhos feitos em madeira". Mediante coberturas coloridas ou metálicas, aplicadas em camadas finas, a artista levou a um estranhamento tanto da superfície como da "materialidade" propriamente dita do material com que trabalha.

Outros trabalhos da década de noventa consistem de painéis de madeira de grande formato e de notável espessura, dos quais Renata Barros recortou elementos formais isolados freqüentemente orgânicos, como ossos ou formas de coração, para juntá-los ao "objeto mãe" e instalá-los em conjunto. A parte superior dos objetos, por sua vez, foi trabalhada mediante um tratamento mecânico ou cromático de modo a que o efeito óptico e estrutural da madeira mudasse radicalmente, produzindo um efeito comparável com o da porcelana. No passo seguinte e próximo em sua lógica interna, a artista substituiu as formas antropomórficas recortadas por materiais "corpóreos", porém inorgânicos, como por exemplo, látex.

A "técnica de recorte" dos seus trabalhos em madeira foi aplicada simultaneamente por Renata Barros nas suas pinturas sobre tela, de grandes dimensões e intenso colorido. Aproveitamento apenas de diferentes intensidades na aplicação das tintas, ela salienta elementos formais orgânicos e também formas circulares ou ovaladas, com

Strangeness and alienation

Observation of the development of Renata Barros' artistic work makes increasingly evident an inclination toward provoking a feeling of strangeness and, at the same time, the use of an ever broader range of different techniques and experimentation with a variety of materials. One of her preferred organic materials is wood. At the beginning of the nineties, "landscapes" or "libraries" emerged, that were cut out of thin wooden panels and installed on the walls, as graphic structures. The forms that appeared in this way, both negative and positive, were worked on by Renata Barros in the style of scissor cut silhouettes, starting from these thin surfaces. They were then rearranged by her, juxtaposing them or crossing them over amongst themselves. Other works in wood are direct transfers of freely drawn lines, as if they were "drawings made of wood". By means of colored or metallic coatings, applied in thin layers, the artist achieves an effect of unfamiliarity and strangeness as much in the surface as in the "materiality", as such, of the material she works with.

Other works of the nineties consist of large scale and notably thick wooden panels, from which Renata Barros cut out separate formal elements, frequently organic, like bones or the heart, to then join them to the "mother object" and install them together. The upper part of the

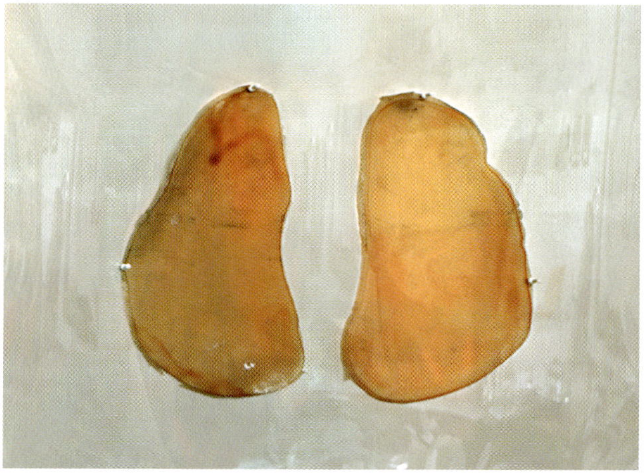

AIRBOX 1997 90 x 70 cm
Caixa de acrílico, látex e acetato Coleção Beate Eckstein
AIRBOX 1997 90 x 70 cm
Acetate and latex Beate Eckstein collection

o fundo brilhante e monocromático. Transferidas para a superfície bidimensional do quadro, estas pinturas se aproximam de seus objetos esculturais e "imitam" o cânone dos seus trabalhos em madeira, de elaborações plásticas.

Neste sentido, os seus trabalhos mais recentes, surgidos em 1997, apresentam-se como um resumo coerente e como um passo avante no desenvolvimento de sua "tática de estranhamento". Aqui, Renata Barros usa preferencialmente "materiais sucedâneos", como látex ou outros materiais sintéticos, e também, pela primeira vez, vidro. É nova também a combinação com fotografias ou "objets trouvés". • **Museu de Arte de Riberão Preto. Objetos – De 03 à 30 de abril. Estranhamento e alienção.**

Orgânicas

Material e tema estão, na obra de Renata Barros, numa relação imediata e às vezes, em posição de antípodes.

objects, in their turn, were worked on by means of a mechanical or chromatic treatment in such a way that the optical and structural effect of the wood is radically changed, producing an effect comparable to that of porcelain. With her next step and the next in her internal logic, the artist substituted the cutout anthropomorphic forms for "corporeal" materials, though inorganic ones, like for example latex.

The "cutout technique" of her works in wood was simultaneously applied by Renata Barros to her paintings on canvas, that have a large scale and intensely colored. By just making use of different intensities in the application of her colors, she stresses organic formal elements and also circular and oval forms, on a bright monochromatic background. Transferred to the two-dimensional surface of the picture, these paintings resemble her sculptural objects and "imitate" the canon of her works in wood, in plastic terms.

In this sense, her most recent work, which emerged in 1997, is presented as both a coherent summary and a step forward in the development of her "tactic of strangeness". Here, Renata Barros prefers to use "substitute materials", like latex or other synthetic materials and also, for the first time, glass. Also new is her combining them with photographs or "found objects". • **Riberão Preto Art Museum. Objects – From 03 to 30 of April. Strangeness and alienation.**

The Organic

Material and theme are, in the work of Renata Barros, in an immediate and at times polarized relationship. As in the case of Josef Beuys, where his lengths of felt and blocks of grease symbolize specific situations and formations of human energy, glass and latex are, for Renata Barros, appropriate working materials for transforming

Tal como no caso de Josef Beuys, onde as placas de feltro e os pedaços de graxa simbolizam determinadas situações e formações de energia humana, o vidro e o látex são, para Renata Barros, materiais de trabalho apropriados para transformar situações energéticas, estado de ânimo, ou – como ela mesma as chama – "lembranças emocionais".

O material látex é, do ponto de vista de sua textura e de sua cor, um plástico muito próximo da pele humana e parece, portanto, apropriado para corporificar formas orgânicas ou antropomórficas, mas também órgãos "internos", como corações ou lóbulos pulmonares. O "artificial" do material látex tem, ao mesmo tempo, o efeito de um contraste com a forma orgânica. Numa seqüência seriada de formas antropomórficas iguais, Renata Barros lhes confere às vezes o caráter múltiplo de clones sintéticos, infinitamente multiplicáveis. Por outro lado, o látex também pode transmitir excelentemente a vitalidade e a sensibilidade de órgãos do interior do corpo humano. Isto é demonstrado de modo exemplar pela instalação "air box 2", de 1997, que consiste de dois lóbulos pulmonares móveis, envoltos em folhas de plástico. Graças à fixação solta dos lóbulos pulmonares e à folha "respiratória" colocada, reflete luz e movimento. A preferência de Renata Barros por formas orgânicas ou antropomórficas parece à primeira vista apresentar paralelos com a discussão do corpo humano, bastante difundida na arte latino-americana do presente. Contudo, uma observação mais próxima dos seus trabalhos mostra que Renata Barros é independente dessa área da arte latino-americana contemporânea, submetida mais intensamente a intenções de caráter mais sociopolítico, algo que é válido também para uma boa parte do cenário da arte jovem de São Paulo, sua cidade natal, que, por ser a sede de uma das mais tradicionais bienais de artes plásticas e por estar, graças a isso, submetida intensamente aos efei-

human energies, mood states, or – as she herself calls them – "emotional memories".

The material latex is, from the point of view of its texture and color, a plastic very similar to human skin and seems, therefore, approapriate for embodying organic or anthropomorphic forms, and also "internal" organs, like hearts or lungs. At the same time, the "artificiality" of latex provides an effect of contrast with the organic form. In a sequence of identical anthropomorphic forms made in series, Renata Barros gives them at times the multiple character of synthetic clones, infinitely multipliable. On the other hand, latex may also be an excellent transmitter of the vitality and sensitivity of the human body's internal organs. This is demonstrated in an exemplary way by the 1997 "air box 2" installation, that consists of two movable lungs, wrapped in plastic sheeting. Thanks to the loose connection of the lungs and to the "breathing" sheet attached, light and movement are reflected off it. Renata Barros' preference for organic or anthropomorphic forms seems at first sight to present parallels to the discussion of the human body that is very widespread in the Latin-American art of the present. However, closer observation of her work shows that Renata Barros is separate from this area of Latin-American contemporary art, exposed more intensely to intentions of a more socio-political nature, something that is also valid for a large number of young artists in São Paulo (her hometown), which in being the home of one of the most traditional art biennials and being, as a result, intensely exposed to the effects of international artistic interchange, occupies a prominent place within the Latin-American scenario.

Her taste for word games rich in connotations places Renata Barros' references within the orbit of that art which is close to surrealism, produced in Brazil in the twenties

tos do intercâmbio artístico internacional, ocupa um lugar de destaque no cenário da América Latina.

A sua predileção por jogos de palavras ricos em conotações situa as referências de Renata Barros na vizinhança da arte próxima do surrealismo, das décadas brasileiras de vinte e trinta, que trouxeram um florescimento especial das artes, através de criadores como Oswald de Andrade, Tarsila do Amaral e outros. O processo imediato de criação dos seus trabalhos e o processo da procura das imagens são os principais elementos a tornarem clara esta referência ao surrealismo. Renata Barros descreve este processo como "focalização", como uma concentração consciente e temporalmente fixada de uma forma do desenho e da procura de signos, comparável com a escrita automática dos surrealistas, a partir da qual surgem, em parte como que "incoscientemente", forma e temas orgânicos, semelhantes a organismos ou antropomórficos. A partir de estruturas desenhadas, surgidas aleatoriamente, como garatujas feitas durante uma conversa telefônica, ou como linhas gráficas livremente criadas, ela seleciona um estado ou um determinado elemento formal, que, a seguir, ela "traduz", interpreta e varia numa outra forma material, como um recorte de imagem, mediante uma determinada – por assim dizer – perspectiva de câmara. Deste modo, uma forma orgânica arredondada pode parecer-se mais ou menos com um coração ou uma cabeça, como no seu quadro "head" (cabeça) de 1997. Apenas através da situação temporal e da fixação formal, o conjunto se constitui

and thirties, bringing a special blossoming of the arts, through creators like Oswald de Andrade, Tarsila do Amaral and others. The immediacy of the creative process in her work and her process of seeking images are the principal elements that make clear this reference to surrealism. Renata Barros describes this process as "focussing" as a conscious and temporally fixed, concentration on a way of drawing and a search for signs, comparable to the automatic writing of the surrealists, from which emerge, partly as if "unconsciously", organic forms and themes similar to organisms and anthropomorphism. Starting from drawn structures that emerge at random, like doodles made during a telephone conversation, or like graphic lines freely created, she selects a study or a certain formal element that she then "translates", interprets and varies in a different material form, like a cutout of an image, by means of – what may be called – a particular camera angle. In this way, a rounded organic form may appear more or less like a heart or a head, as in her painting "head" from 1997. Only through

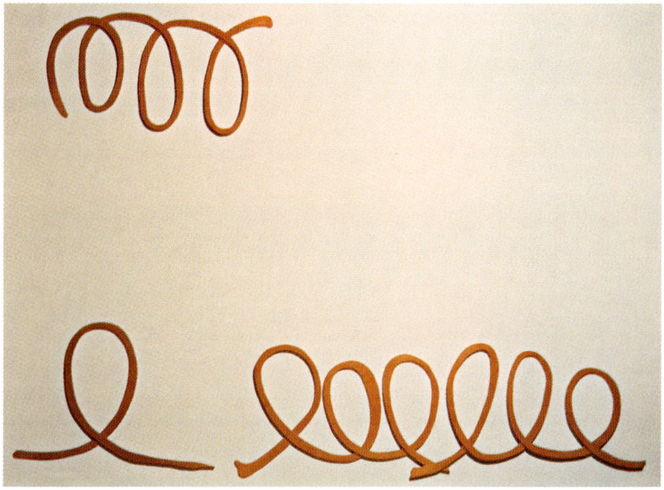

S/TÍTULO 1998 80 x 400 cm Madeira recortada com resina e massa acrílica Coleção Instituto Rio Branco Brasília DF

UNTITLED 1998 80 x 400 cm Resina on wood cutout Collection Instituto Rio Branco Brasília DF

numa forma "denominável". As pinturas de Renata Barros freqüentemente reproduzem um estágio mais precoce de fixação e um cânone formal mais abstrato do que os seus objetos tridimensionais de madeira, vidro ou látex. Isto se explica, por um lado, pelo parentesco entre desenho e pintura, e por outro, pelo seu método de trabalho, no qual ela escolhe sempre, quando se trata de transformar o "signo" escolhido, a relação direta com o meio e o material artístico.

Corações de vidro

Nos trabalhos mais recentes de Renata Barros, com as suas formas de coração, de látex e de vidro, o tema das formas orgânicas e humanas ganha um novo aspecto, que por sua vez, surge do antagonismo entre "material" e "signo". O coração é o símbolo que ultrapassa os limites culturais. É considerada a sede das sensações, dos sentimentos religiosos e da coragem, assim como tem outras conotações ligadas às emoções. O vidro, enquanto material, tem as propriedades da transparência, da fragilidade, e, nos novos trabalhos de Renata Barros, da distância e, como ela mesma diz da "assepsia". Diferentemente do material "vidro" que é o látex, que se deixa esticar e deformar, o vidro em estado sólido é um material rígido e imóvel, que pode ser facilmente destruído pelo efeito de agentes externos. Mas o vidro também oferece proteção aos materiais nele encerrados ou por ele coberto. Os "corações de vidro" de Renata Barros, feitos de camadas superpostas, trabalham com a contradição entre o ícone "coração" e as "frias" características materiais, a ele opostas, do vidro. Num outro objeto por ela criado, Renata Barros combinou este contraste com "vasos sanguíneos" de látex, liberando assim de forma ostensiva uma possível "ferida".

the moment in time and its formal fixing, the whole constitutes a "classifiable" form. The paintings of Renata Barros frequently reproduce an earlier stage of this fixing process and thus a more abstract formal canon than that of her three-dimensional objects in wood, glass or latex. This is explained, on the one hand, by the close relationship between drawing and painting, and on the other, by her working method, whereby she always chooses, when it's a question of transforming the chosen "sign", the direct relationship between the medium and the artistic material.

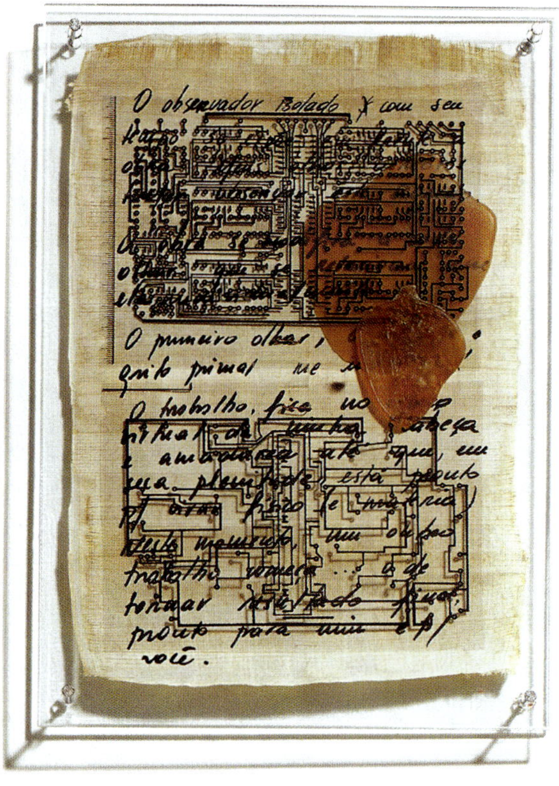

S/TÍTULO 1997 26 x 35 cm Técnica mista Coleção particular
UNTITLED 1997 26 x 35 cm Mixed media Private collection

Finalmente, até mesmo o próprio corpo tornou-se objeto plástico para Renata Barros. Ela transferiu a própria imagem para fotocópias de grande formato, cobriu-a com uma camada de látex e instalou-se frouxamente sobre uma barra metálica fixada à parede. Numa variante do mesmo tema e de forma análoga aos trabalhos recortados em madeira, ela até mesmo a desmontou em "corte". Os sucedâneos do próprio corpo, copiado e plastificado, é simultaneamente objeto artístico e meio para os questionamentos existenciais que perpassam todos os trabalhos de Renata Barros e que imbricam a sua vontade de experimentar com toda espécie imaginável de "materiais sintéticos", assim como alimentam os seus profundos jogos de palavras. • **Beate Eckstein (Tradução: George Bernar Sperber).**

Hearts of glass

In the most recent work by Renata Barros, with its heart-shaped forms, in latex and in glass, the theme of organic and human forms gains a new look, which in its turn emerges from the antagonism between "material" and "sign". The heart is a symbol that goes beyond cultural limits. It's considered the seat of our sensations, religious feelings and courage, also having other connotations associated with the emotions. Glass, as a material, has the properties of transparency, fragility, and, in the new works by Renata Barros, of distance and, as she herself describes it, "asepticism". Differently from the "glass" material that is latex, which may be stretched and pulled out of shape, glass in a solid state is a hard and immovable material, that may be easily destroyed by external agents. But glass also offers protection to materials enclosed or covered by it. Renata Barros' "hearts of glass", made of superimposed layers, work with the contradiction between the icon "heart" and the "cold" material characteristics, opposed to it, of glass. In another object she has created, Renata Barros combined this contrast with "blood vessels" in latex, ostensibly freeing in this way a possible "wound".

Finally, even her own body has become a plastic object for Renata Barros. She transferred her own image to large scale photocopies, covered them with a layer of latex and installed them loosely onto a metallic bar fixed to the wall. In a variation on the same theme and in an analogous way to her cutout work in wood, she even cut them into pieces. These substitutes for her own body, copied and coated in plastic, are simultaneously an art object and a medium for the existential questioning that runs through all Renata Barros' work and which overlaps with her desire to experiment with all kinds of "synthetic materials" imaginable, as they also feed the depth of her word games. • **Beate Eckstein.**

Organicus

Forma e materiais na arte contemporânea brasileira

A artista Renata Barros também se utiliza da madeira como forma de expressão artística na pintura, ou seja, aplicando tinta sobre ela e camuflando a superfície como se fosse uma pele. Esta série de trabalhos sobre madeira faz uso da enorme gama de formas alcançadas devido ao recorte e lixamento deste material. Esta técnica é largamente utilizada na indústria de móveis e outros artigos. Mas os trabalhos de Renata Barros procuram também a proximidade do material com sua existência básica: impressionantemente os objetos originados deste processo retornam à forma orgânica. São ossos recortados de uma placa de madeira que assume uma nova disposição e ordenamento próprios quando postos sobre a parede. A "placa desossada" faz menção ao relacionamento positivo e negativo das estruturas criadas: a madeira, como elemento orgânico torna-se testemunha de um ritual canibal, do qual sobram somente os ossos como prova. • **Tereza de Arruda, Curadora e Historiadora de Arte. Exposição "Organicus".**

Organicus

Organic forms and materials in brazilian contemporary art

The artist Renata Barros also uses wood as a form of artistic expression in painting, in other words applying paint to it and camouflaging it as though it were a skin. This series of works on wood makes use of an enormous range of forms achieved by cutting out and sandpapering the material. This technique is widely used in the manufacture of furniture and other articles. But Renata Barros' work also seeks to keep the material close to its basic essence: amazingly, the objects originated by this process return to an organic form. They are bones cut out of a sheet of wood that take on a new arrangement and ordering of their own when fixed to the wall. The "boneless sheet" refers to the positive and negative relationship of the structures created: the wood, as an organic element, becomes witness to a cannibalistic ritual, from which only the bones remain as proof. • **Tereza de Arruda, Curator and Art Historian. "Organicus" Exhibition.**

S/TÍTULO 1997
30 x 30 x 150 cm
Madeira recortada
Coleção particular

UNTITLED 1997
30 x 30 x 150 cm
Wood cutout
Private collection

Madeira
Estruturas
ARVORE
OSSOS.
ficam em pé
casa e homem,
animais . . . .

Restos, resíduos, símbolos
OSSOS → Representando
de nossa efemeridade,
fragilidade

S/TÍTULO 1996 153 x 52 cm
Grafite e recorte sobre madeira Coleção da artista
UNTITLED 1996 153 x 52 cm
Graffiti on wood cutout Artist collection

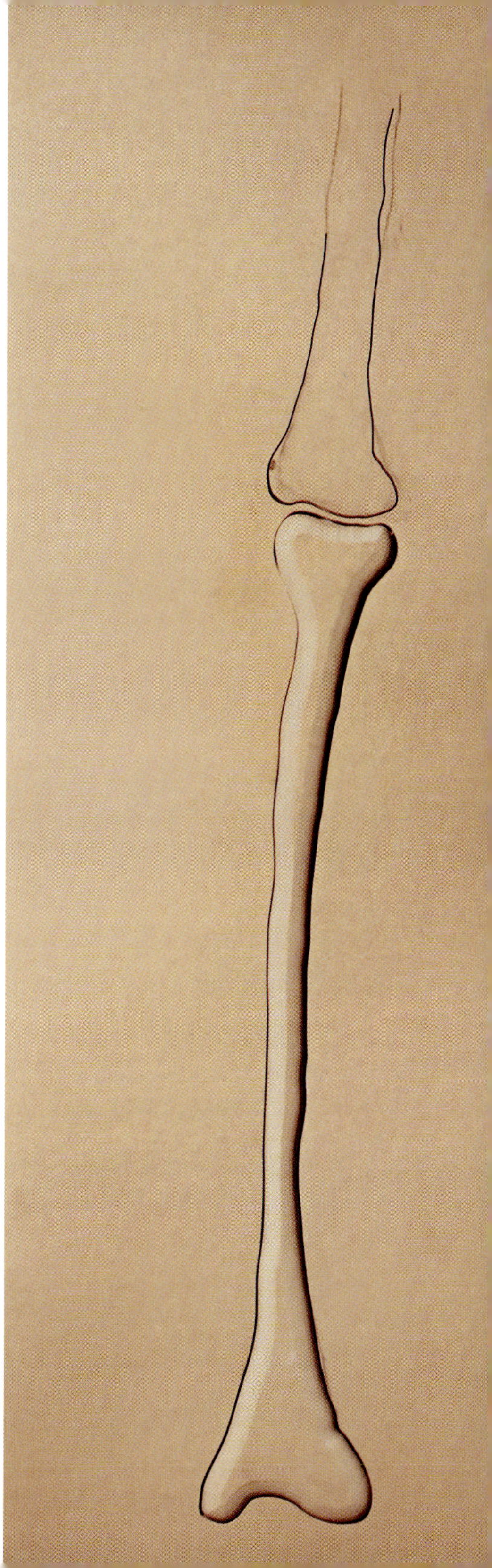

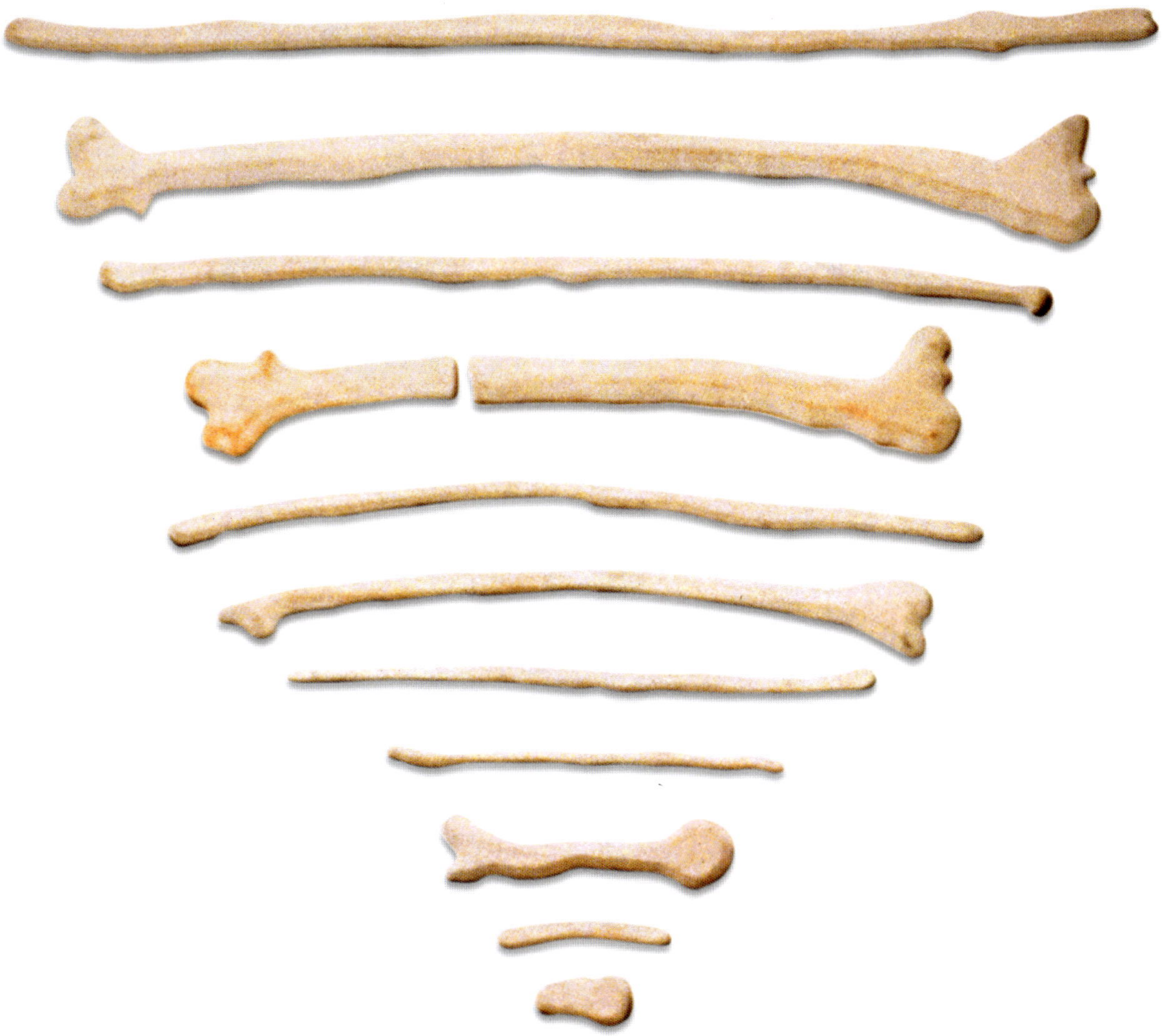

S/Título 1996 220 x 160 cm Massa sobre madeira recortada Coleção MUMA - Museu de Curitiba

Untitled 1996 220 x 160 cm Mass on wood cutout Collection MUMA - Museu de Curitiba

S/Título 1996 136 x 123 cm Massa acrílica sobre madeira recortada Coleção Carlos Alberto Lamback

Untitled 1996 136 x 123 cm Acrylic mass on wood cutout Carlos Alberto Lamback collection

S/TÍTULO 1996 50 x 100 cm Massa sobre madeira recortada Coleção da artista
UNTITLED 1996 50 x 100 cm Mass on wood cutout Artist collection

S/TÍTULO 100 x 70 cm Massa, resina sobre madeira recortada Coleção particular
UNTITLED 100 x 70 cm Mass, resine on wood cutout Private collection

S/TÍTULO 100 x 65 cm Massa sobre madeira recortada Coleção Carlos Alberto Lamback
UNTITLED 100 x 65 cm Mass on wood cutout Carlos Alberto Lamback collection

While my heart beats project   1996   30 x 150 cm   Resina, massa sobre madeira recortada   Coleção da artista
While my heart beats project   1996   30 x 150 cm   Resine, mass on wood cutout   Artist collection

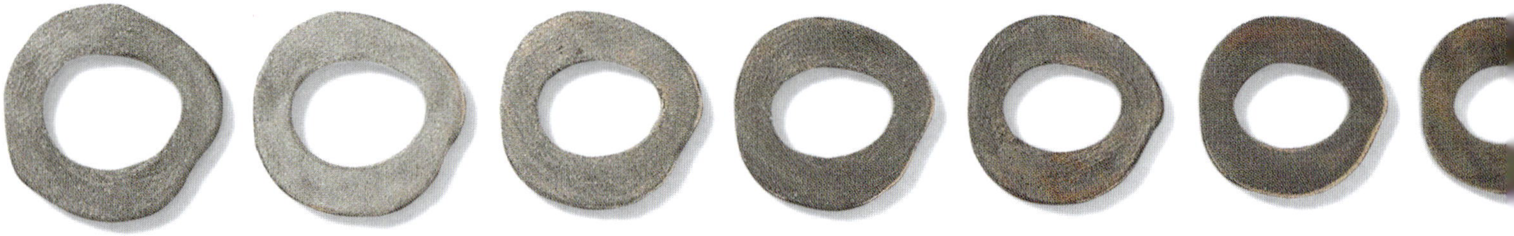

PROJECT FOR THE REST OF MY LIFE V 1998 15 x 150 cm Pigmento, foto sobre madeira recortada Coleção da artista
PROJECT FOR THE REST OF MY LIFE V 1998 15 x 150 cm Pigment, photo on wood cutout Artist collection

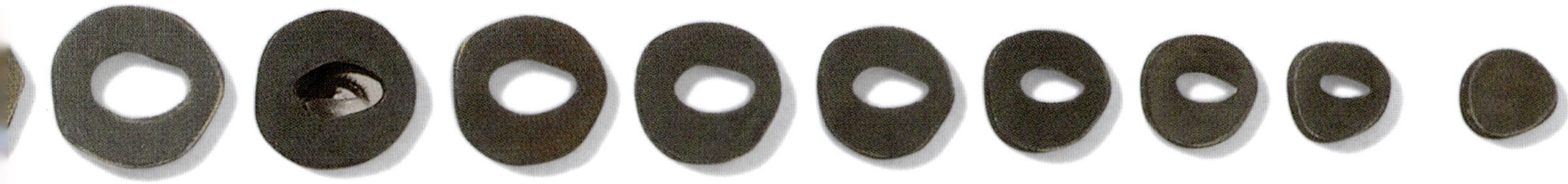

Olhar que mira p/ o passado e que continua... infinitamente para frente.

Detalhe
Detail

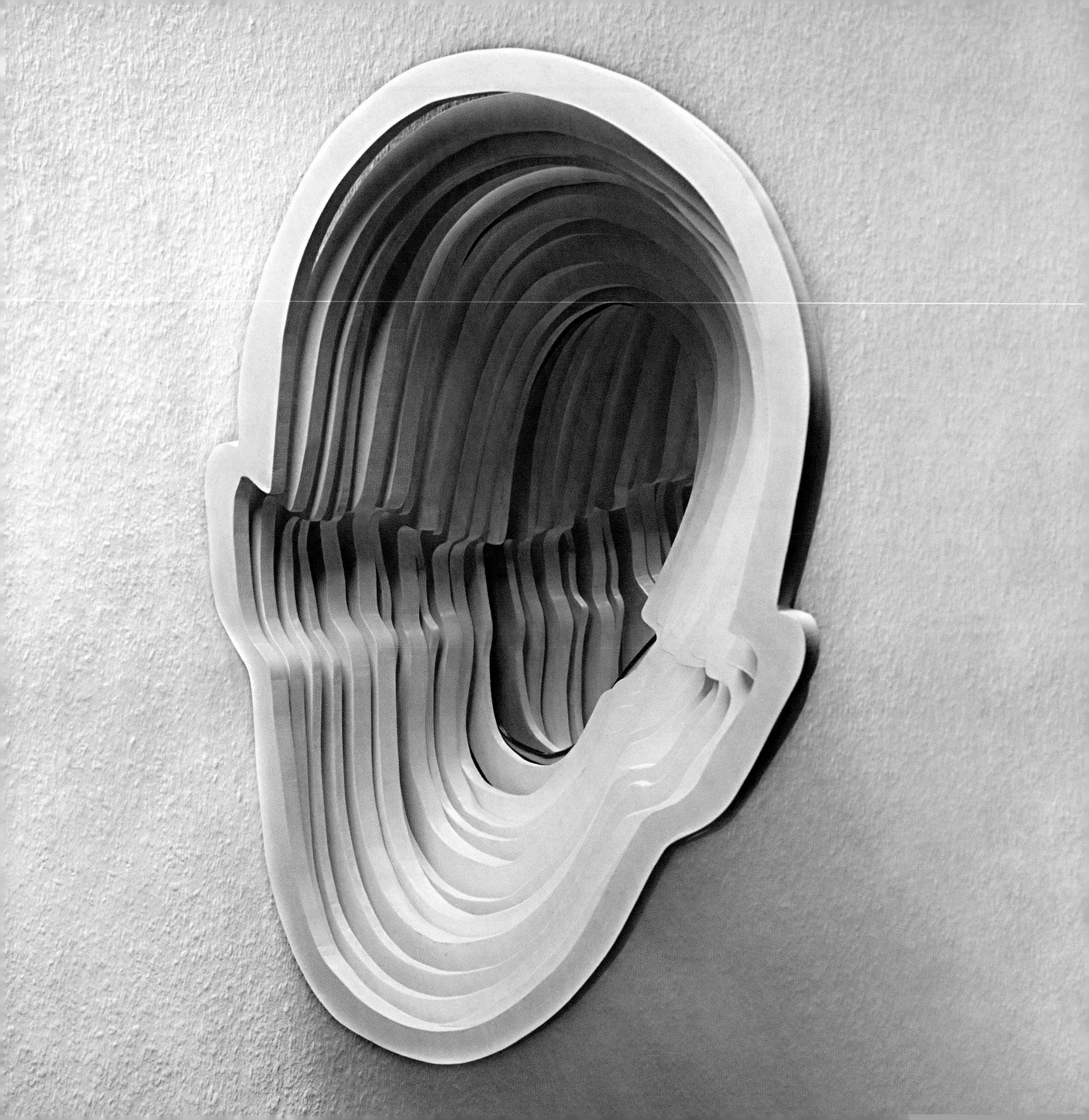

S/TÍTULO 2001 62 x 28 x 46 cm
Madeira recortada e espelho Coleção particular
UNTITLED 2001 62 x 28 x 46 cm
Wood cutout and mirror Private collection

S/TÍTULO 2000 40 x 40 x 160 cm
Espelho e madeira recortada Coleção particular
UNTITLED 2000 40 x 40 x 160 cm
Mirror and wood cutout Private collection

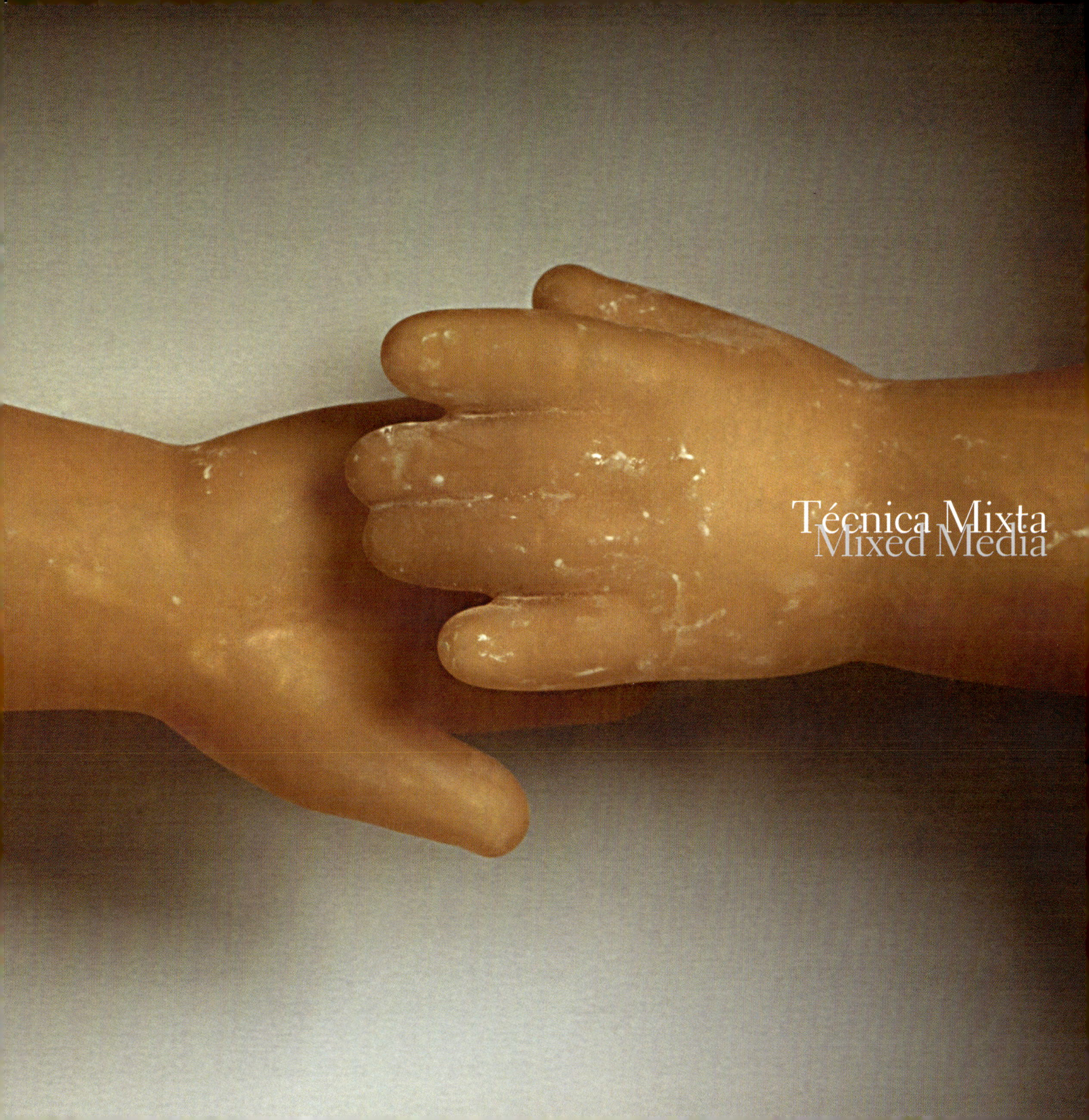

Técnica Mixta
Mixed Media

Sobre os objetos-cabeça de Renata Barros

Os dois objetos-máscaras de parede de Renata Barros, dispostos em conjunto numa forma moderna de díptico, constroem um par desigual. Uma moldura de madeira contorna cada objeto-cabeça como um traço enfático. O contorno delineia um oval e marca as orelhas do lado direito e esquerdo sem, contudo, constituir um rosto. Uma das máscaras é coberta de plástico sobre o qual aderem silhuetas de pássaros negros, os quais atraem o olhar para o conteúdo desvendado pela transparência: as penas brancas. Pedras por debaixo de um látex frouxo marcam o outro rosto. Leveza e peso de materiais naturais que a artista pesquisa em grupos de trabalho e que, freqüentemente, influenciam o processo criativo e que caracterizam seu trabalho.

As penas parecem captadas em pleno vôo e esta imagem é reforçada pelo pássaro voando. Já as pedras puxam em direção ao chão. A máscara de penas evoca uma cena cinematográfica e acha seu contrapeso num processo de lento desenvolvimento: o látex, material orgânico, envelhece como a pele humana, resseca no ar, enruga e rasga. Há muitos anos, o envolvimento do trabalho de Renata Barros com o corpo biológico acarretou uma linguagem metafórica, com sentimentos e com sua própria criatividade. A transformação artística sempre cria uma tensão forte entre a linguagem formal abstrata, a repetição de diferentes módulos e o orgânico. Certas vezes, a artista mostra a forma inteira; depois fragmentos; outras, isola alguns membros ou órgãos do corpo humano e suas funções. Trabalhos anteriores, como um pulmão de látex conectado a um fole ou a uma serie de corações de vidro, tratam do ritmo da vida. E transferem o aspecto orgânico para um outro nível de interpretação: a respiração como alma, o coração como sede dos sentimentos. Este ano, aparecem mais cabeças no trabalho da artista. Não são as partes interiores do corpo, mas a aparência externa esquematizada que caracterizam o ser humano, impedindo a formação da imagem de um indivíduo específico. As diversificadas superfícies das máscaras indicam o conteúdo, permitindo ao observador uma visão do interior

About the head-objects of Renata Barros

The two wall mask-objects by Renata Barros, arranged together in a modern form of diptych, make up an unequal pair. A wooden frame goes round each head-object like an emphatic line. The outline is oval-shaped and delineates ears on the right and left side, without, however, constituting a face. One of the masks is covered in plastic onto which are stuck silhouettes of black birds, which attract the gaze to the content revealed by its transparency: white feathers. Stones beneath a piece of slack latex characterize the other face. The lightness and weight of natural materials, that the artist researches in work groups, frequently influence her creative process and characterize her work. The feathers seem to be caught in mid-flight and this image is reinforced by the flying bird. On the other hand, the stones pull in the direction of the ground. The mask of feathers evokes a cinematographic scene and finds its counterweight in a process of slow development: the latex, an organic material, ages like human skin, dries in the air, wrinkles and tears. Many years ago, the involvement of Renata Barros' work with the biological body resulted in a metaphorical language, with feelings and a creativity of its own. Artistic transformation always creates a strong tension between abstract formal languages, the repetition of different modules and the organic. At times, the artist shows a whole form; then pieces; at other times she

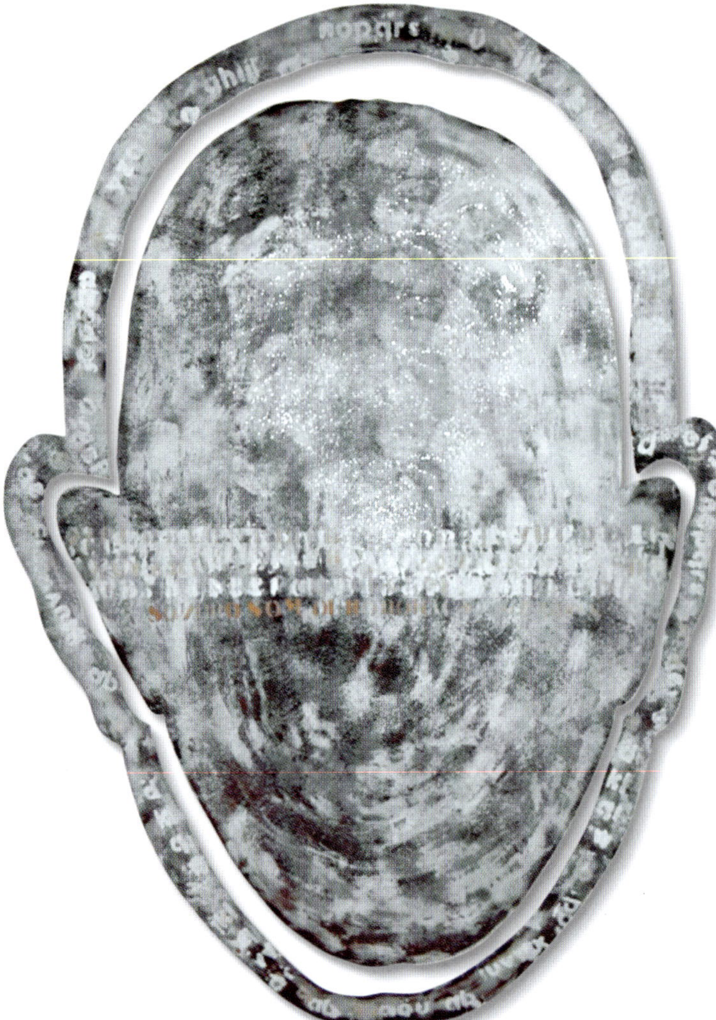

S/TÍTULO 1999 174 x 131 cm Resina, pintura sobre madeira recortada Coleção Julieta Widman
UNTITLED 1999 174 x 131 cm Acrylic, pigments and resine on wood cutout Julieta Widman collection

S/Título 2000 112 x 74 cm Pigmento e resina sobre madeira recortada Coleção particular
Untitled 2000 112 x 74 cm Pigments and resine on wood cutout Private collection

da cabeça, este recipiente do cérebro. Ao tomar conhecimento da função das silhuetas negras nos vidros e janelas, a de impedir a colisão fatal dos pássaros, Renata Barros ficou fascinada pelas associações que conceitos como vôo e morte, natureza e habitação humana, liberdade e limite evocam. Artistas como por exemplo Rebecca Horn usam frequentemente a vestimenta de penas como uma capa, como se fosse uma segunda pele. Renata Barros utiliza as penas e o vôo como metáfora dos múltiplos pensamentos, idéias, projetos voláteis, fantasia e dúvida que correm paralelos. Nas pedras, os acontecimentos se solidificam; viram memória. A qualidade tátil dos materiais tem função determinante: unir a reflexão à emoção, de onde vão jorrar as ricas imagens que os trabalhos da artista desencadeiam. • **Sobre os objetos-cabeça de Renata Barros. Suzanne Grube, Historiadora de Arte. Bonn, Alemanha, 2001.**

separates some members or organs from the human body and its functions. Previous works, like a latex lung connected to a bellows or a series of hearts of glass, are about the rhythm of life. And they transfer the organic aspect to another level of interpretation: breathing as the soul, the heart as the seat of the emotions. This year, more heads have appeared in the artist's work. They're not interior parts of the body, but the schematized external appearance which characterizes the human being, thus preventing the forming of an image of a specific individual. The varied surfaces of the masks indicate their content, allowing the observer a view of the interior of the head, this container of the brain. In understanding the function of the black silhouettes in the jars and windows, that of preventing the fatal collision of the birds, Renata Barros became fascinated by the associations that evoked by concepts such as flight and death, nature and human habitation, freedom and limit. Artists, like Rebecca Horn for example, frequently use a cape made of feathers, as though it were a second skin. Renata Barros uses feathers and flight as a metaphor for multiple thoughts, ideas, volatile projects, fantasy and doubt that run in parallel. With the stones, events solidify; become memory. The tactile quality of the materials has a determining function: to unite reflection with emotion, so that the rich images that the artist's work provokes will pour out. • **About the head-objects of Renata Barros. Susanne Grube, Art Historian. Bonn, Germany, 2001.**

Vista da exposição
na Galerie Barbara Cramer

View of exhibition
Galerie Barbara Cramer

Vista da exposição "Leitura"
View of "Reading" exhibition

Corações por um fio ii 2001 40 x 50 cm Técnica mista sobre papel Coleção particular
Hearts by a thread ii 2001 40 x 50 cm Mixed media on paper Private collection

S/TÍTULO 1 E 2   2002   40 x 50 cm   Caixa de acrílico e técnica mista   Coleção da artista
UNTITLED 1 AND 2   2002   40 x 50 cm   Mixed media in acrylic box   Artist collection

Corações por um fio 1997 31 x 20 cm cada Látex, caixa de madeira e linha Coleção particular
Heart by a thread 1997 31 x 20 cm each Latex, wood box and thread Private collection

Detalhe
Detail

Amor
Coração por um fio
Amor
coração a flor da pele

página anterior
montagem no atelier

previous page
assemblage at the studio

AIRBOX 1995
98 x 110 cm
madeira prensada e fole
Coleção particular

AIRBOX 1995
98 x 110 cm
wood and bellows
Private collection

S/TÍTULO 1995
98 x 70 cm
madeira prensada,
tubo e látex
Coleção particular

UNTITLED 1995
98 x 70 cm
wood, eraser and latex
Private collection

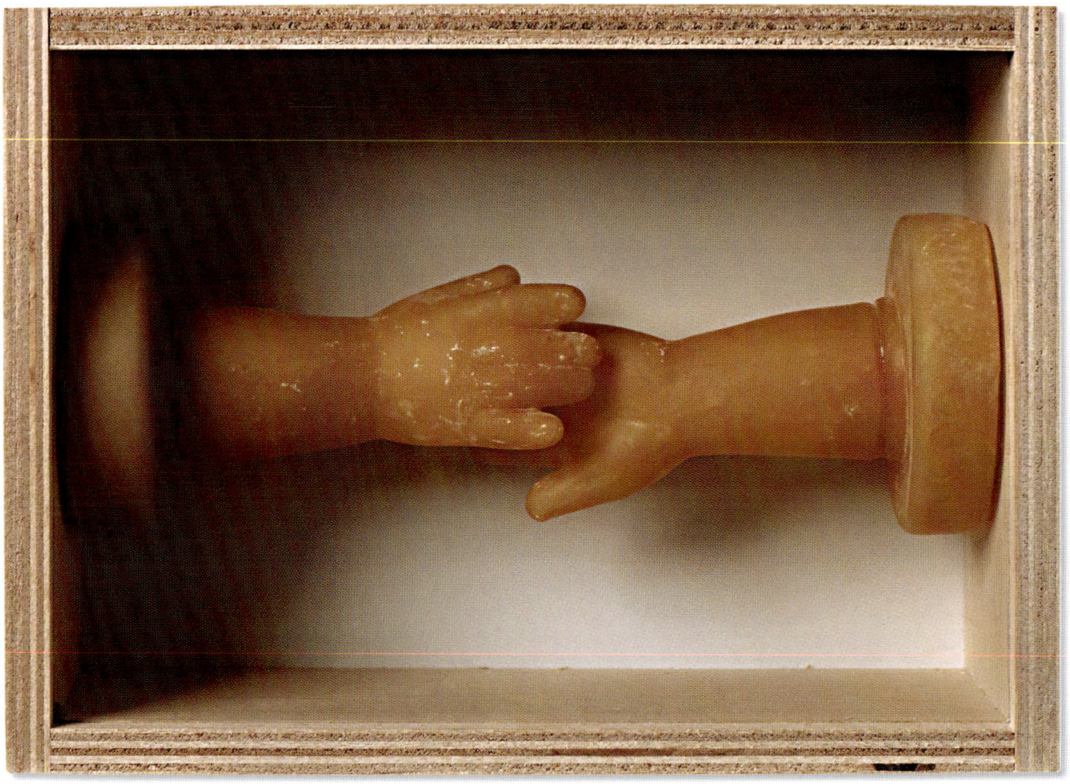

S/TÍTULO 2001 18 x 14 x 18 cm Caixa de madeira e látex Coleção particular
UNTITLED 2001 18 x 14 x 18 cm Latex on wood box Private collection

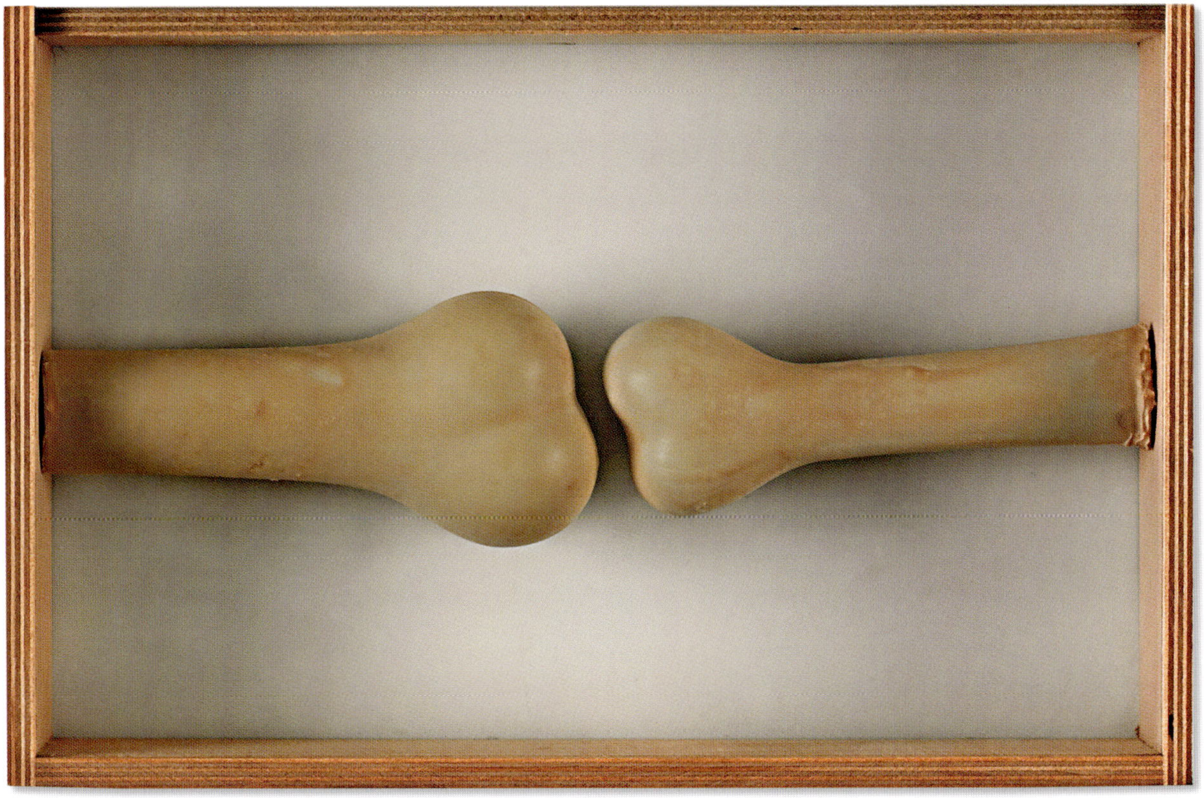

S/TÍTULO 2001 20 x 31 cm Caixa de madeira, plástico e látex Coleção da artista
UNTITLED 2001 20 x 31 cm Plastic, latex on wood box Artist collection

Vôo I e II 2000 50 x 130 cm Técnica mista, tela, adesivos e plumas Coleção particular
Flight I e II 2000 50 x 130 cm Mixed media, canvas, feathers and stick-on labels Private collection

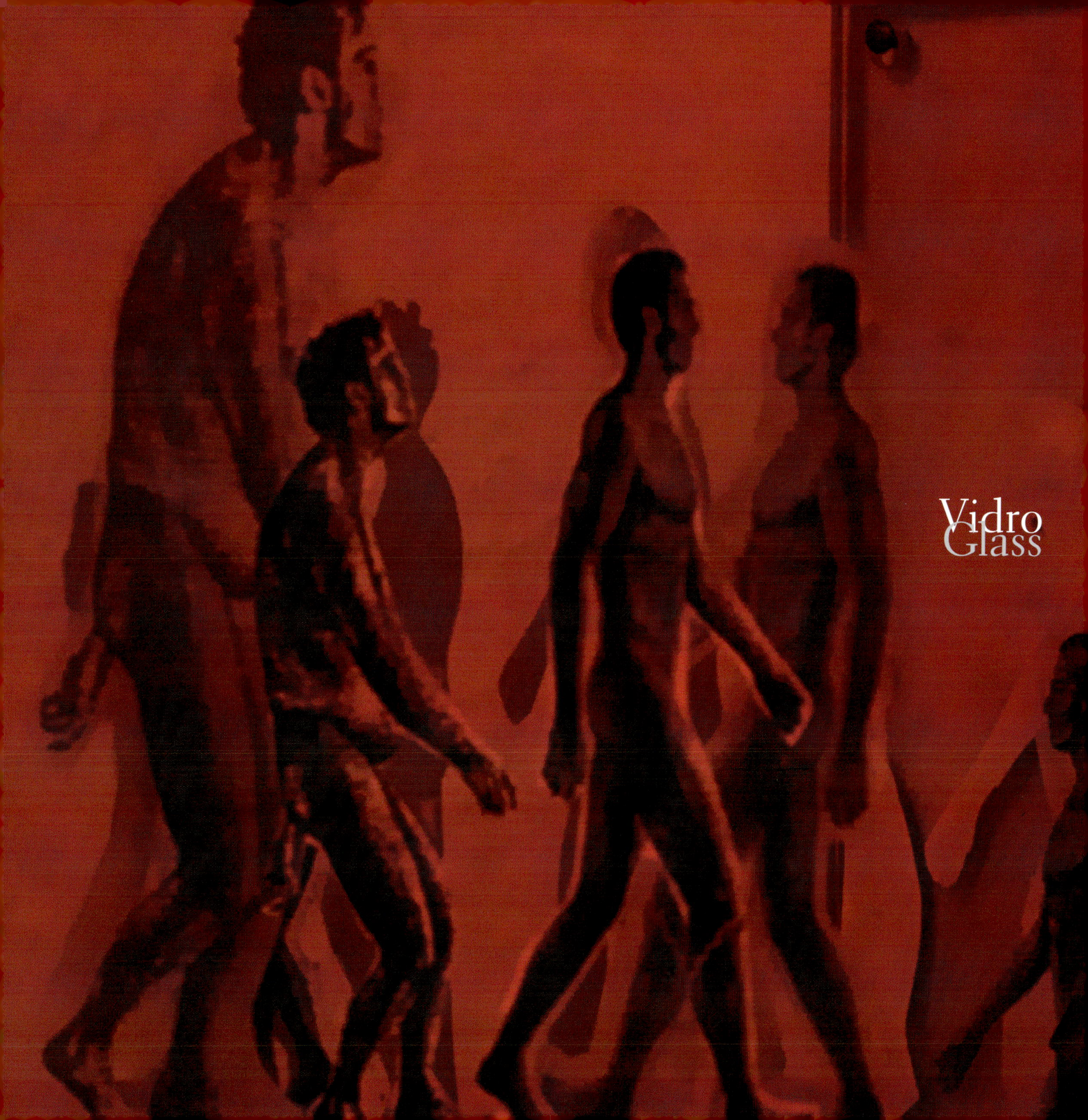
Vidro
Glass

Corpos e seus fragmentos

Em 1996 Renata Barros apresentou suas obras pela primeira vez em Berlim e Dresden no contexto da mostra coletiva "Organicus" focada na Arte Contemporânea Brasileira. Desde este momento Renata cultua uma relação estreita junto à cena artística alemã, que a levou a ganhar uma bolsa de estudos na Fundação Heinrich Böll, seguida por uma mostra individual com o título "Süssstoff" (adoçante) na IFA Galerie de Bonn em 1997. Renata Barros tem trabalhado há anos com a apresentação do corpo e seus fragmentos em um caráter auto-biográfico. Seu percurso artístico foi iniciado pela pintura. A evolução de sua obra rumo aos objetos tridimensionais levou-a à utilização da madeira como suporte. Os objetos de Renata Barros transpõem, por exemplo, formato de coração, pulmão, olhos e cabeças a serem combinados com novos elementos como tubos de borracha – símbolos das veias e artérias, assim como o uso do látex a imitar a pele humana. Durante a estadia em Bonn, a artista fez experiências quanto à utilização do vidro. Desde então o vidro passou também a ser parte integrante de sua produção, algumas partes do corpo foram executadas de vidro como um alerta à dupla fragilidade, tanto com relação ao material quanto ao ser humano. Como continuação desta série autobiográfica Renata Barros produziu livros e diários de vidro: a transparência do material funciona como uma menção ao seu conteúdo. O que se vê são formas gravadas e cortadas a ilustrar os objetos, acompanhadas de escritas sutis. • **Corpos e seus Fragmentos. Tereza de Arruda, Curadora e Historiadora de Arte. Exposição "Leitura Einsichten", Galerie Barbara Cramer, Bonn, Alemanha, 2001. ICBRA, Berlin, Alemanha, 2002. Galeria Monica Filgueiras, São Paulo, 2002.**

Bodies and their parts

In 1996 Renata Barros presented her work for the first time in Berlin and Dresden in the context of the group exhibition "Organicus", that focussed on Brazilian Contemporary Art. Since that time Renata has been developing a close relationship with the German art scene, which led to her being given a study grant at the Heinrich Böll Foundation, followed by an individual show entitled "Süssstoff" (sweetener) at the IFA Galerie in Bonn in 1997. Renata Barros has worked for many years with the presentation of the body and its parts, autobiographically. Her artistic development began with painting. The evolution of her work towards three-dimensional objects led to her using wood as a support. Renata Barros' objects transpose, for example, heart, lung, eye and head shapes, which are then combined with new elements like rubber tubing – as symbols of veins and arteries, as her use of latex in imitation of human skin is. During her stay in Bonn, the artist experimented with the use of glass. Since then, glass has also become an integral part of her production, some parts of the body were executed in glass, to suggest a double fragility, as much with regard to the material as to the human being. As a continuation of this autobiographical series Renata Barros produced books and diaries of glass: the transparency of the material works as a reference to its content. What we see are engraved and cut shapes that illustrate the objects, accompanied by subtle writings. • **Bodies and their parts. Tereza de Arruda, Curator and Art Historian. "Leitura Einsichten" Exhibition, Galerie Barbara Cramer, Bonn, Germany, 2001. ICBRA, Berlin, Alemanha, 2002. Galeria Monica Filgueiras, São Paulo, 2002.**

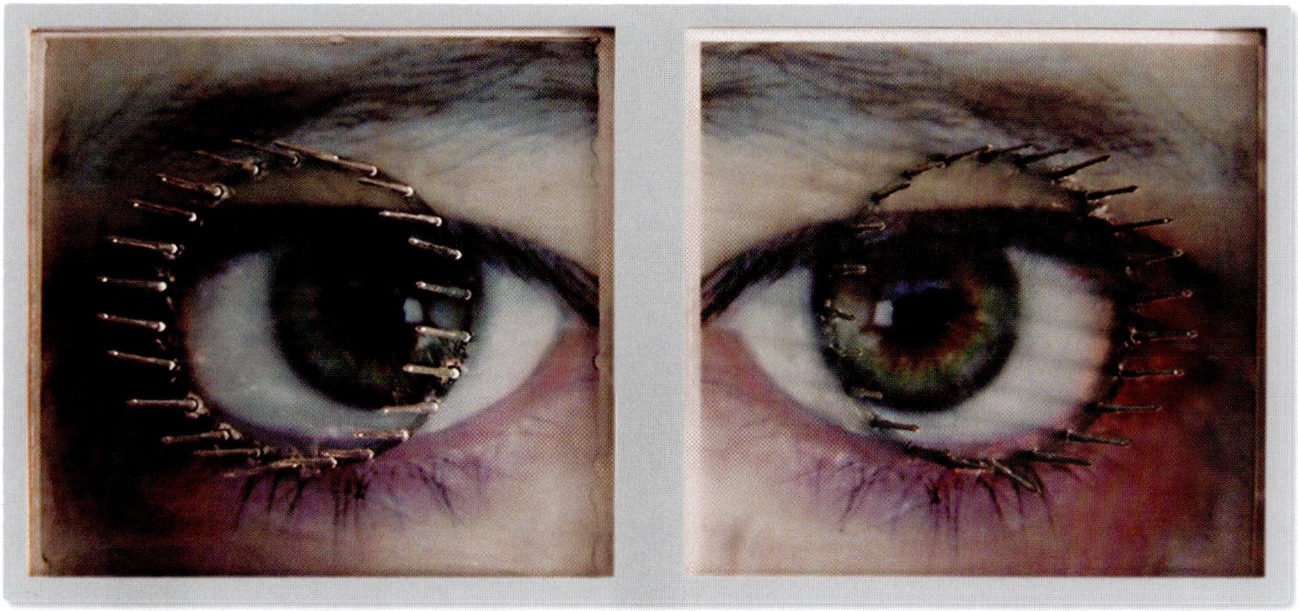

S/TÍTULO 2002 38 x 19 cm Foto e agulhas sobre madeira Coleção da artista
UNTITLED 2002 38 x 19 cm Photo and needles on wood Artist collection

Genesis 2001 63 x 10,5 x 2 cm Acrílico e colagem Coleção particular
Genesis 2001 63 x 10,5 x 2 cm Collage and acrylic Private collection

Genesis 2001 20 x 20 x 20 cm Técnica mista em caixa de acrílico Coleção particular
Genesis 2001 20 x 20 x 20 cm Mixed media on acrylic boxe Private collection

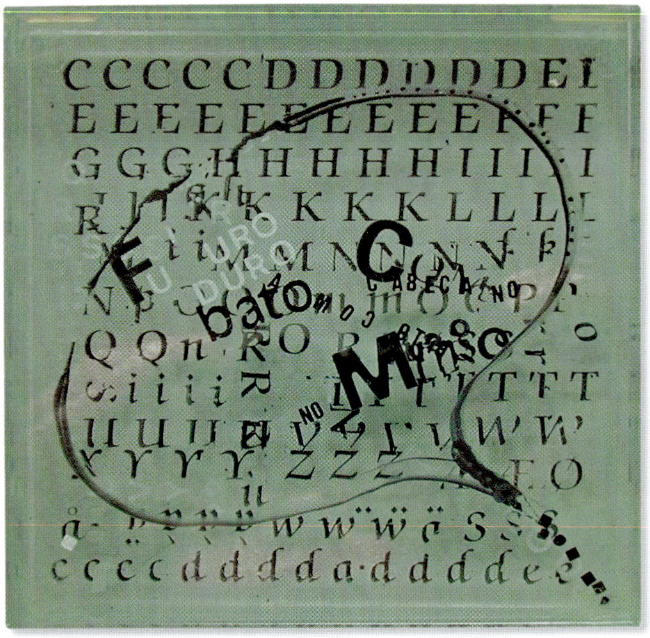

S/TÍTULO 1999 10 x 10 x 4,3 cm Letraset sobre vidro Coleção particular
UNTITLED 1999 10 x 10 x 4,3 cm Letraset on glass Private collection

S/TÍTULO 2002 23 x 32 cm Técnica mixta Coleção da artista
UNTITLED 2002 23 x 32 cm Mixed media Artist collection

Uma caixa transparente
indica um conteudo
proporciona uma visão
interior. Um conhecimento
A transparência contra o
segredo, a vergonha.
Dentro da caixa, em sua
habitação, o limite.
Guardar a memória.
Qualquer colisão pode ser
fatal. Leveza e peso
os dois caem no chão.
Toda atenção ao ver e ao
mostrar a verdade.

Mulheres das duas margens

Renata Barros, que transitou por importantes salas no Chile, na Holanda, na Argentina e na Alemanha, é uma daquelas artistas que conseguem transformar cada obra numa presença perturbadora, especialmente porque utiliza o próprio corpo e materiais, quase sempre inusitados e contrastantes, ao serviço de um conceito. Mas nunca de um modo passivo. Esta vez tem como tema o coração, esse órgão que é à vez motor da vida e ícone das emoções; por isto a artista trabalha deliberadamente com vidro vermelho e vidro incolor, materiais asséépticos e frios, inorgânicos, em contraste com cajados de látex leitosos e quentes, arteriais. A eles acrescenta o dado inquietante de pregos de metal, com toda a conotação invasiva e religiosa que possuem, especialmente no cristianismo. Os vidros vermelhos, recortados em forma de coração, provêm de restos de vitrais de velhas igrejas, comprados em feiras da ladra da Alemanha; os incolores são industriais, aparentemente sem qualquer história. Do conjunto emerge, acima de tudo a relevância do coração como símbolo da memória afetiva, unicamente penetrável ao fazer-se transparente para os outros. Reflexão, fantasia, comentários e ousadia, caracterizam os objetos aqui representados por Renata Barros. • **Centre Valecià de Cultura Mediterrània. La Beneficéncia. Mujeres de lãs dos orillas. De 18 de março a 17 de maio de 2000. Antonio Maschio.**

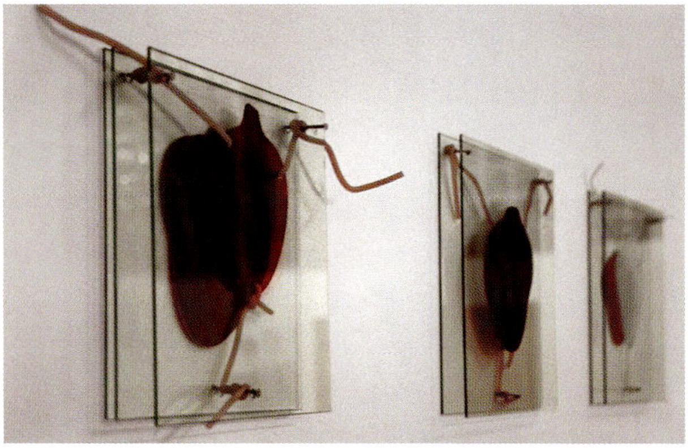

CORAÇÃO I, II E III 1998 35 x 35 cm
Vidro antigo, vidro industrial, pregos e látex
HEART I, II AND III 1998 35 x 35 cm
Hand made old glass, industrial glass, nails and latex

Women of two margins

Renata Barros, who has been shown in important spaces in Chile, Holland, Argentina and Germany, is one of those artists that manages to transform each work into a disturbing presence, especially as she makes use of her own body and, almost always, unusual and contrasting materials in the service of a concept. But never in a passive way. On this occasion she takes the heart as her theme, the organ that is at one and the same time the motor of life and an icon for the emotions. This is why the artist works deliberately with red and colorless glass, aseptic, inorganic and cold materials; in contrast to milky and hot crook-shaped latex, that are arterial. She adds to them the disturbing association of metal nails, with all the invasive and religious connotations they possess, especially in Christianity. The red glass, cut into heart shapes, comes from pieces of stained-glass windows from old churches, bought at thieves' markets in Germany; the colorless ones are industrial, with no apparent history. From the whole emerges, above all, the relevance of the heart as a symbol of affective memory, uniquely penetrable in making itself transparent to others. Reflection, fantasy, commentaries and daring, are what characterize the objects represented here by Renata Barros. • **Valecià Centre for Mediterranian Culture. La Beneficéncia. Mujeres de lãs dos orillas. From March, 8 to May, 7, 2000. Antonio Maschio.**

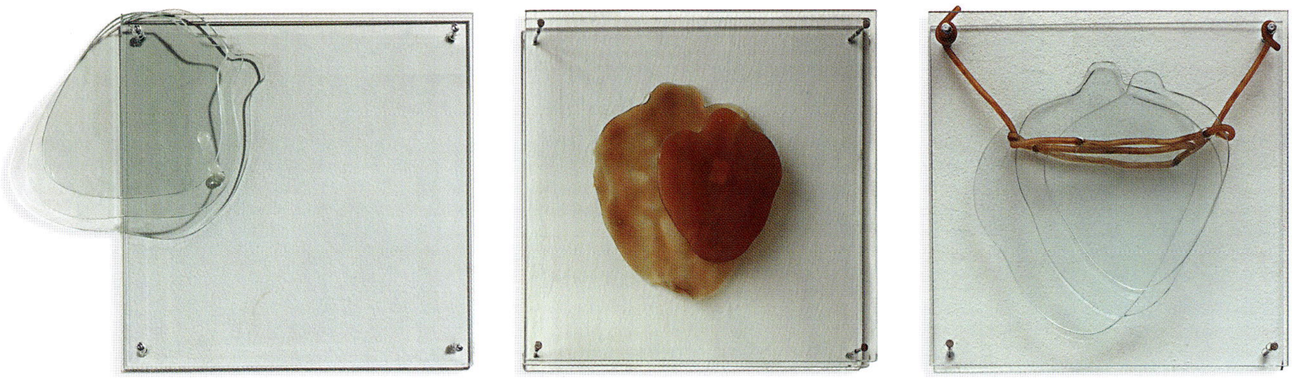

CORAÇÕES I, II E III 1997 26 x 26 cm Vidro, prego e látex Coleção João Figueiredo Ferraz

HEART I, II AND III 1997 26 x 26 cm Glass, nails and latex João Figueiredo Ferraz collection

Detalhe

Detail

S/TÍTULO 1998 35 x 35 cm Vidro antigo com vidro industrial, pregos e látex Coleção particular — Detalhe
UNTITLED 1998 35 x 35 cm Old glass and industrial glass, nails and latex Private collection — Detail

Estados de transparência

"Eu já fui transparente. Às vezes quando deixo de trabalhar fico transparente de novo. Mas normalmente sou cheio de cores". Bispo do Rosário

Transparência é uma questão sedutora, fenômeno de várias ordens: ótico, físico, construtivo, psicológico e fenomenológico. O mundo é povoado de transparências, o meio através do qual vemos, o ar, é transparente; o som é substância não visível. Os jogos de transparência na sua diversidade são performativos de efeitos de sentido que conforme o estado de elaboração induzem à reflexão, luminosidade, espelhamento e profundidade. A aparência da imagem é verdade ou ilusão? Em Anotações sobre as Cores, Wittgenstein afirma que "transparência e reflexão só existem na dimensão de profundidade e de uma imagem visual". Tudo o que é visto, até mesmo o efeito de ilusão, só existe na possibilidade da imagem. Os trabalhos desta exposição advêm da intenção de busca de regiões limites, latentes e imanentes na obra. Cada artista intenta transparecer e comunicar sensações e sentimentos acerca do conceito de transparecer na aparência da obra: nas gradações cromáticas: no espaço outro que o do plano – o espaço cênico da obra; na luz emitida e refletida; nos materiais suporte – vidro, acrílico, papéis e tecidos; nas construções plásticas por camadas, sobreposições, tramas e grafismo e até por "qualidade" virtuais como manchas e sombras. E por que o artista faz tudo isto? Para ver o Mundo, para sentir e recordar o que está ausente, para materializar o invisível, para transmitir suas memórias e vivências, para se conhecer e para sonhar. • **Estados de Transparência – Escritório de Arte Rosa Barbosa. Nancy Betts. Outubro, 1999.**

States of transparency

"I've already been transparent. Sometimes when I stop working I become transparent again. But normally I'm full of colors". Bispo do Rosário

Transparency is a seductive subject, a phenomenon of various categories: optical, physical, constructive, psychological and phenomenological. The world is peopled with transparencies, the medium that we see through, the air, is transparent; sound is a non-visible substance. Games with transparency, in their diversity, are performatic effects of meaning that, according to their state of elaboration, induce reflection, luminosity, mirroring and depth. Is the appearance of the image true or illusory? In Remarks about Colors, Wittgenstein states that "transparency and reflection only exist in the dimension of depth and in a visual image". All that is seen, even an illusory effect, only exists within the possibility of an image. The works in this exhibition are a result of the aim to seek the outer limits, both latent and imminent, in the piece of work. Each artist attempts to reveal and communicate sensations and feelings around the concept of what is revealed through the appearance of their work: its chromatic gradations: its non-flat space – the scenic space of the work; its emitted and reflected light; its support materials – glass, acrylic, paper and cloth; in its layered plastic constructions, superimpositions, woofs and handwriting, and even through virtual "qualities" like stains and shadows. And why does the artist do all this? To see the World, to feel and recall what is absent, to materialize the invisible, to transmit their memories and life experiences, to know themselves and to dream. • **States of Transparency – Rosa Barbosa Art Office. Nancy Betts. October, 1999.**

Caixa de sapato de cristal 1998 29 x 19 x 11 cm Vidro Coleção particular
Cristal shoe box 1998 29 x 19 x 11 cm Glass Private collection

Diário II 1998 35 x 36 x 10 cm Vidro recortado Coleção Lavínia Junqueira
Diary II 1998 35 x 36 x 10 cm Glass cutout Lavinia Junqueira collection

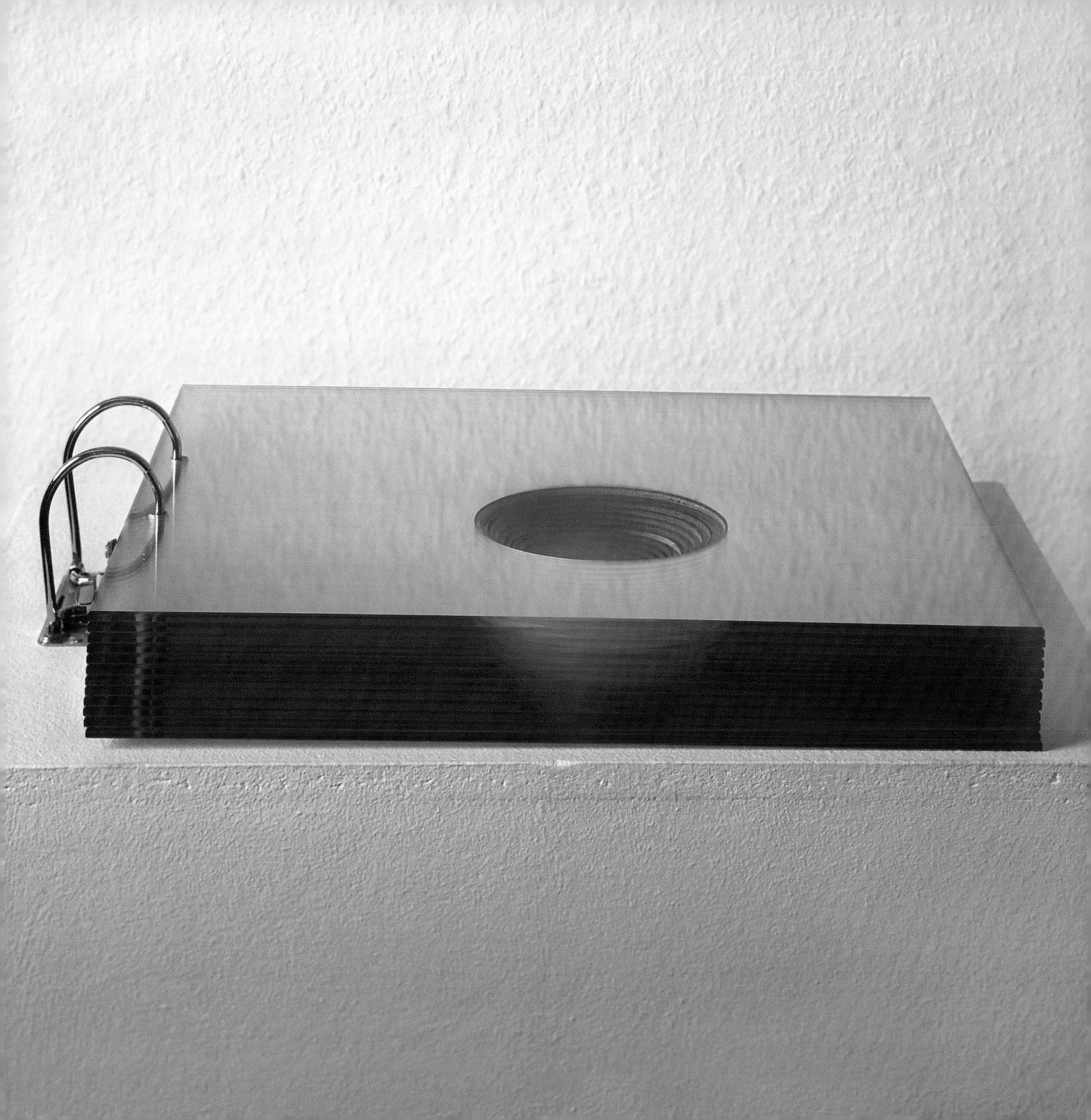

Diário 2001 25 x 37 cm Vidro recortado Coleção particular
Diary 2001 25 x 37 cm Glass cutout Private collection

Detalhe
Detail

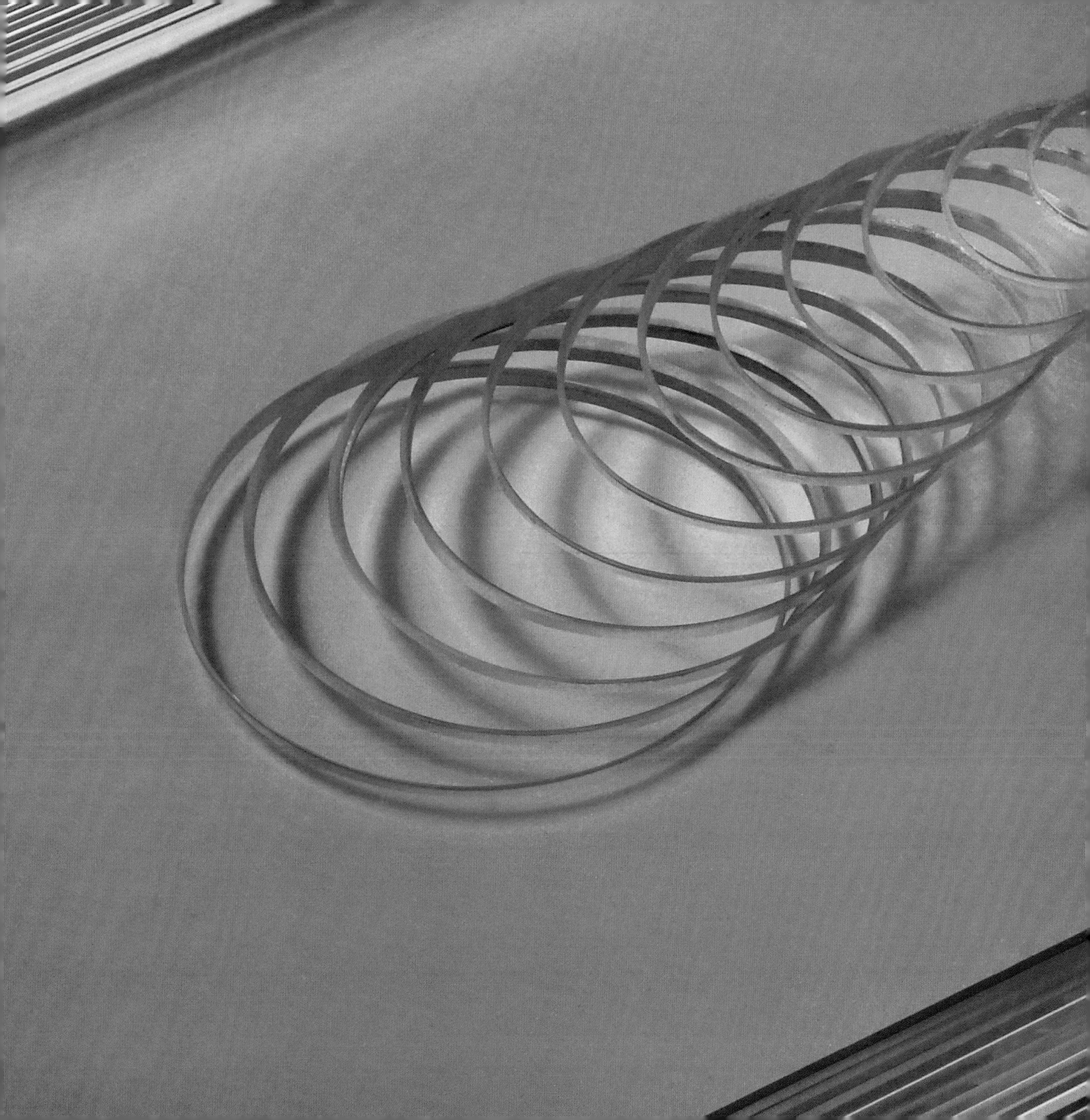

Vista da Exposição "Leitura" em 2002
View of "Reading" exhibition in 2002

CADERNO DE ANOTAÇÕES 2001 36 x 32 cm Desenho gravado em vidro
NOTEBOOK 2001 36 x 32 cm Drawing engraved on glass

Espaços

Espaços, ou melhor, cabeças vazias, mãos e lábios que quase se tocam, olhos que quase se cruzam, artista e espectador que quase se vêem. Tudo isso sob o manto de transparência, de materiais vivos que encerram "fatias" de corpos, lembranças e sensações. O olhar de perfil e o abandono da pespectiva direta já viciada, o ver-se na obra. Essa temática do "quase", do reflexo, do vazio angustiante que perpassa uma realidade complexa (revelada em fatias) dita as linhas de composição da artista plástica Renata Barros, cuja exposição "Leitura" (na Alemanha intitulada "Einsichten"), depois de passar por Bonn e Berlin, segue para São Paulo, onde fica até o final de abril. Desde criança envolvida com a produção artística, Renata teve sua primeira grande exposição individual – "Slices" (Fatias) – em 1991, no MASP. Em 96, a artista rumou para Berlin e Dresden com a exposição coletiva "Organicus". Desde então, mantém relações estreitas com a Alemanha, onde foi beneficiada com uma bolsa de estudos na Fundação Heinrich Böll e também montou, em 97, na então capital federal Bonn, a mostra individual "Süssstoff" (Adoçante). Nesta mais recente exposição, Renata dá continuidade ao seu trabalho com materiais "frágeis" como o vidro e a fotografia, sem contudo abandonar elementos freqüentes em sua obra como a madeira e o látex, que segundo a artista são adequados para a representação do corpo humano, pois assim como a carne, envelhecem, atribuindo ao trabalho uma essência de certa maneira viva. Faces (sempre iguais, embora de texturas e materiais diversos) se repetem e afunilam, formando um túnel no fundo do qual, ou uma multidão em meio da qual, aquele que observa o conjunto quase em movimento vê seu próprio reflexo ou depara-se com o olho do outro que o espreita. Vivas e extremamente frágeis são também as palavras, frases e pensamentos – nem sempre da própria artista, mas em sua totalidade de teor autobiográfico – gravadas em corações ou livros de vidro, que nas palavras de Renata "encerram sua memória afetiva". O "ver-se", o "representar-se", o choque com o eu e o estranho dominam o universo de

Spaces

Spaces, or better, empty heads, hands and lips that almost touch each other, eyes that almost meet, artist and spectator who almost see each other. All this under the cloak of transparency, of live materials that contain "slices" of bodies, memories and sensations. The side-view of an exchanged look and the setting aside of straight perspective already both used and abused, the seeing oneself in the work. This theme of the "almost", of the reflection, of the distressing emptiness that passes through a complex reality (revealed in slices), dictates the compositional lines of the artist Renata Barros, whose "Reading" exhibition (in Germany entitled "Einsichten"), having been shown in Bonn and Berlin, now comes to São Paulo, where it will stay until the end of April. Involved in artistic production since a child, Renata had her first large solo exhibition – "Slices" – in 1991, at the MASP. In 96, the artist headed off to Berlin and Dresden with the group exhibition "Organicus". Since then, she has maintained close ties with Germany, where she benefitted from a study grant at the Heinrich Böll Foundation and also mounted, in 97, in the then federal capital Bonn, the solo show "Süssstoff" (Sweetener). In this more recent exhibition Renata carries on her work with "fragile" materials like glass and photography, without however abandoning frequently used elements in her work such as wood and

Caderno de anotações 2001
38 x 65 x 2,5 cm Vidro Coleção da artista

Notebook 2001
38 x 65 x 2,5 cm Glass Artist collection

preocupações da artista, aparecendo em suas composições principalmente por meio de reproduções de olhos humanos e da utilização de materiais como espelhos. Além das transparências, espaços vazios e materiais que se decompõem, Renata inova com a criação de imagens com fios e agulhas, que embora de aspecto agressivo, rompendo com a suavidade presente em grande parte das obras expostas, não deixam de ilustrar a fragilidade, principalmente do corpo, ou da vida, diante de uma ameaça física e mortal. Cabe ainda ressaltar que, conforme denota seu próprio nome ("Leitura"), essa exposição tem grandes afinidades com a literatura (já que a palavra escrita pode também ser considerada um dos materias presentes na produção de Renata). Não é por acaso que se lê na composição denominada "Livro Poema" um fragmento do livro Perto do coração selvagem, de Clarice Lispector: "Vi uma nuvem pequena/Coitada da minhoca/acho que ela não viu". De todos seus trabalhos, pode-se extrair ao menos um componente poético: a multiplicidade das maneiras de se ver, a reorganização dos conceitos segundo uma ordem autêntica, por hora repulsiva, por hora dotada de uma leveza tocante. A mostra "Leitura" deve ser vista ou "lida" como uma coletânea de poemas, cujas páginas ou

latex, that according to the artist are appropriate for representing the human body, as, like flesh, they age, giving the work in a certain sense a living essence. Faces (always the same, though of varied textures and materials) repeat themselves and at times are repeated internally, diminishing in size and receding from the viewer, forming a tunnel at the end of which, or a crowd in the middle of which, whoever sees the whole, almost in movement, sees their own reflection or meets the eye of other observers. Also alive and extremely fragile are the words, sentences and thoughts – not always the artist's own, but overall of an autobiographical nature – engraved on hearts or books of glass, that in Renata's own words "contain her affective memory". The "seeing oneself", the "representing oneself", the shock between the self and the allien, dominate the universe of the artist's concerns, appearing in her compositions principally through reproductions of human eyes and the use of materials like mirrors. Besides the transparency, empty spaces and materials that decompose, Renata innovates by creating images with threads and needles, that though they have an aggressive look, breaking with the softness present in the majority of the works exhibited, continue to illustrate the fragility,

"fatias" compõem um todo complexo e transparente, que encerra o reflexo de cada um, e, talvez, também a única possibilidade em que o "quase" que impede o encontro com o eu e com o outro, que impossibilita a exata expressão do que se sente, que obstrui o contato com uma totalidade distante e desejada, pode ser transpassado ou, ao menos, amenizado. • Maria Cristina Elias. Berlim, 2002.

chiefly of the body or of life itself, before a physical and mortal threat. It's worth emphasizing, as its name ("Reading") itself suggests, that this exhibition has great affinities with literature (given that the written word may also be considered one of the materials present in Renata's work). It's not by chance that one may read in the composition called "Poem Book" a fragment from the book 'Near to the wild heart', by Clarice Lispector: "I saw a small cloud/ Poor worm/I don't think it saw it". From all her works, at least one poetic component may be extracted: the multiplicity of ways of seeing oneself, the reorganization of concepts according to an authentic order of one's own, one moment repulsive, one moment possessed of a touching lightness. The "Reading" show should be seen or "read" as a collection of poems, the pages or "slices" of which make up a complex and transparent whole, that contains the reflection of each one, and, perhaps also, the only possibility by which the "almost" that impedes the meeting of the self with the other, that makes impossible the exact expression of what one feels, that obstructs contact with a distant and desired totality, may be overcome, or at least lessened. • Maria Cristina Elias. Berlin, 2002.

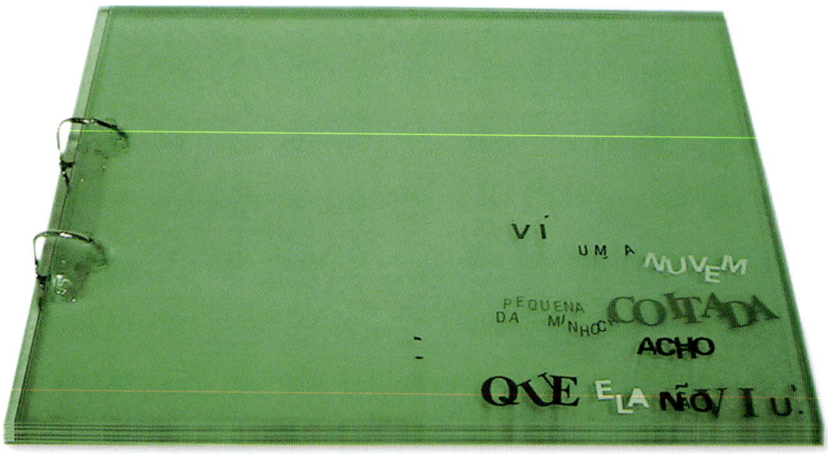

Caderno de Clarice 1999 34 x 32 cm
Letraset sobre vidro e poema de Clarice Lispector Coleção particular

Clarice's notebook 1999 34 x 32 cm
Letraset on glass and poem by Clarice Lispector Private collection

Detalhe de livro gravado no vidro
Detail of engraved glass book

FUTURO
bato
no

SÜSSSTOFF BIBLIOTEK 1997 70 x 18 cm Caixa de vidro com diferentes açúcares, adoçantes e balas Coleção Fundação Heinrich Bole Detalhe
SÜSSSTOFF BIBLIOTEK 1997 70 x 18 cm Box of glass, with sugar, sweetener and candy Heinrich Bole Foundation Collection Detail

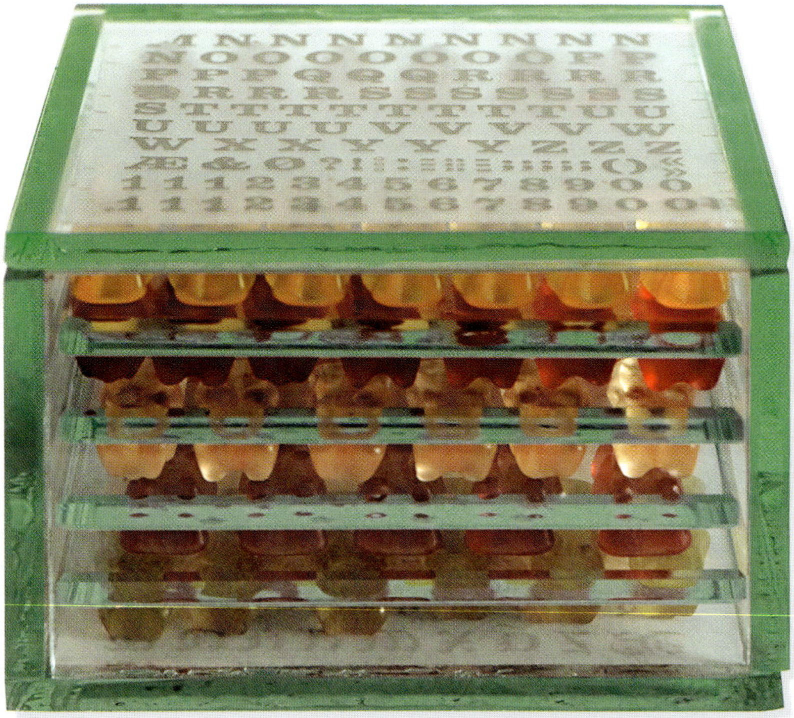

S/TÍTULO 2001 12 x 15 x 15 cm Caixa de vidro c/balas e escrituras Coleção particular
UNTITLED 2001 12 x 15 x 15 cm Glass box with candy and letters Private collection

S/TÍTULO 2001 Técnica mista em cubo de vidro com plumas Coleção particular
UNTITLED 2001 Mixed media in glass box with plumes Private collection

Alles was man malt ist Selbsdarstellung

Tudo o que a gente pinta é uma representação de si mesmo
(Otto Dix – pintor expressionista Alemão)

Esta exposição é resultado de dois anos do trabalho de Renata Barros na Alemanha, com a bolsa da Fundação Heinrich Böll, cuja atividade privilegia o trabalho com vidro. Esse desafio encarado pela artista, habituada ao comportamento de matérias como a madeira, tela, látex e outros mais flexíveis, permitiu o desdobramento de seu trabalho na vertente plástica, com interessantes conseqüências temáticas e simbólicas. Anterior à essa atual fase, a artista vinha trabalhando com materiais opacos e planos, com os quais realizava recortes de órgãos internos como pulmões e corações. A artista, muitas vezes preenchia esses recortes com folhas de látex, ou esculturas do próprio objeto, revelando parcialmente esses órgãos. Com o uso da transparência de vidro, Renata consegue aprisionar em caixas ou lâminas, o que ela classifica como seus "estados anímicos", configurando plasticamente um espaço, isolando e protegendo-os do mundo exterior. O que aflorava ou era retirado do plano, foi colocado em um "local seguro" pela artista. A questão se coloca importante quando nos questionamos sobre o que, em sua linguagem visual, representam esses estados, que objetos preciosos são esses que a artista deseja, dicotomicamente, isolar e mostrar ao mesmo tempo – fato praticamente impossível sem a transparência do vidro. Ao colocar uma parte do próprio corpo para representar um estado de ânimo, um sentimento, um estado de espírito, ela materializa em um símbolo do interior físico o que não é visível – pois é sentimento. É um discurso sobre a importância do não-visível (órgão interno) e do invisível (estado de ânimo, sentimento) para a construção de um ser humano. A artista se faz fisicamente em pedaços em um processo de autoconsciência de seus sentimentos da mesma forma que uma criança o faz à sua boneca para entender seu próprio funcionamento. Ao percorrer a exposição, devemos nos questionar sobre o significado de cada um desses órgãos ou objetos que a artista aprisiona (ou revela), e a mudança de significado

Alles was man malt ist Selbsdarstellung

Everything we paint is a representation of ourselves
(Otto Dix – German expressionist painter)

This exhibition is the result of two years of work by Renata Barros in Germany, on the grant from Heinrich Böll Foundation, predominantly work in glass. The challenge thus faced by the artist, accustomed to the behaviour of materials like wood, canvas, latex and other more flexible ones, allowed her to extend the range of her work in the plastic arts, with interesting thematic and symbolic consequences. Prior to this current phase, the artist had been working with opaque and flat materials, with which she made cutouts of internal organs like lungs and hearts. The artist often filled up these cutouts with sheets of latex, or sculptures of the object itself, partially revealing these organs. Utilizing the transparency of glass, Renata manages to imprison in boxes or behind panes of glass what she classifies as her "animist states", shaping and modelling them in space, isolating and protecting them from the external world. What grew from or was taken out of the flat surface, was in this way put into a "safe place" by the artist. An important issue arises when we ask what these states represent within her visual language. What are these precious objects really, that the

obtida com suas diferentes cores ou texturas. Esse jogo proposto pela artista pode ser respondido às diferentes fotografias de olhos que segundo a artista sempre perguntam: O que você veio fazer aqui? O que você espera de mim? **• Henrique Luz. Exposição "Pedaços de Mim". Instituto Goethe, São Paulo, SP, 1999. MUMA Museu Metropolitano de Arte, Curitiba, Paraná, 1999.**

artist wishes, dichotomously, to both isolate and reveal at the same time – something practically impossible to do without the transparency of glass. In presenting a part of her own body to represent a state of mind, a feeling, a state of spirit, she materializes in a symbol of her physical interior what is not visible – her feelings. It's a discourse on the importance of the non-visible (internal organ) and the invisible (state of mind, feeling) that go into the make-up of a human being. The artist divides herself physically into pieces, through a process of self-awareness of her own feelings, in the same way that children do with their doll to understand how they themselves work. Walking around the exhibition, we should ask ourselves about the meaning of each of these organs or objects that the artist imprisons (or reveals), and the change of meaning obtained through their different colors and textures. This game suggested by the artist may be answered by the looks from the different photographs of the artist's eyes, that according to Renata Barros always ask: What have you come here for? What do you expect of me? **• Henrique Luz. "Pieces of me" exibition. Goethe Institute, São Paulo, SP, 1999. MUMA Museu Metropolitano de Arte, Curitiba, Paraná, 1999.**

Vista de trabalhos em vidro juntos 1997
View of ensemble of glass works 1997

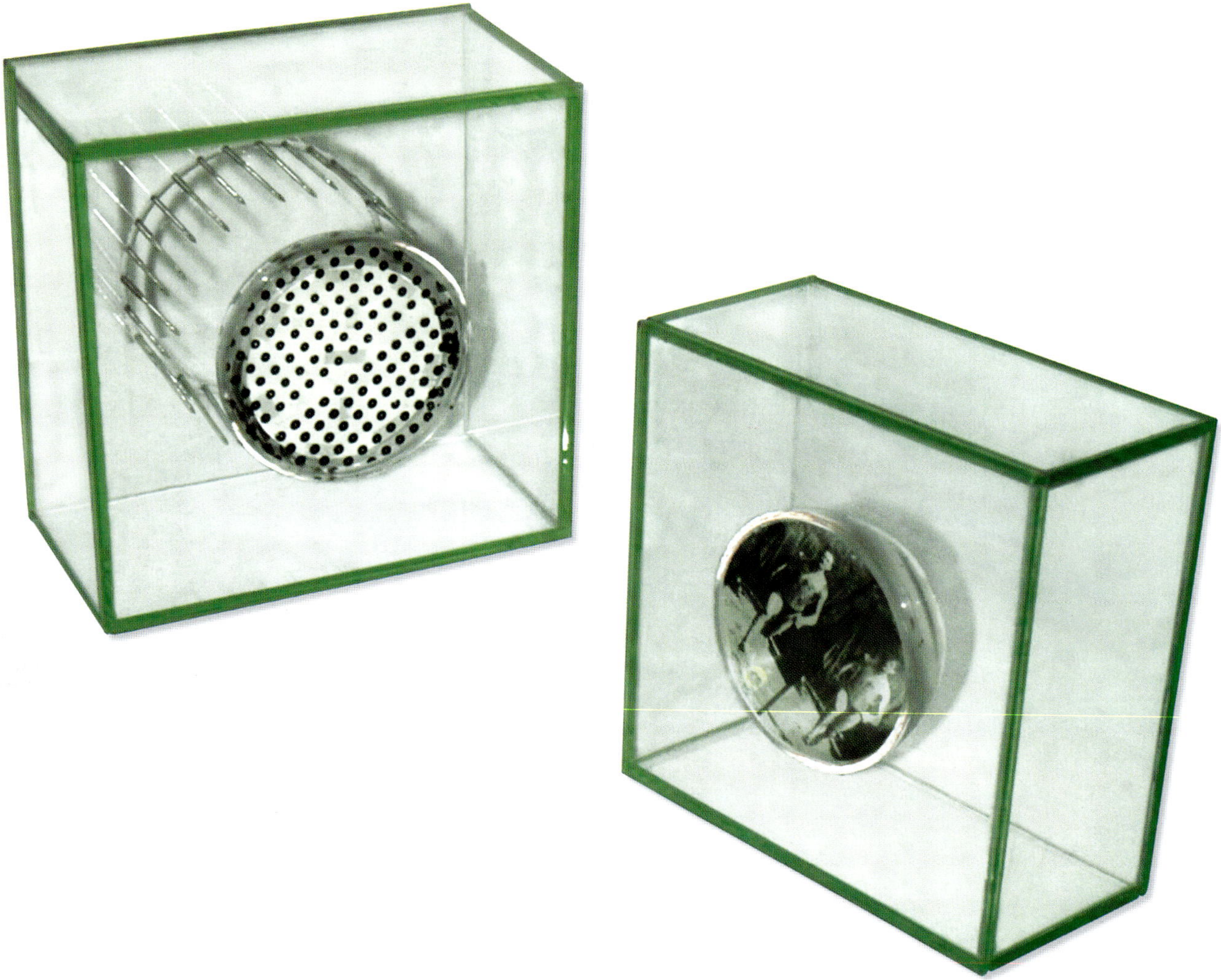

S/TÍTULO 2002 26 x 26 x 12 cm Técnica mista Coleção particular
UNTITLED 2002 26 x 26 x 12 cm Mixed media Private collection

S/TÍTULO 2000 10 x 10 x 10 cm Vidro e agulhas Coleção particular
UNTITLED 2000 10 x 10 x 10 cm Glass and needles Private collection

Detalhe
Detail

S/TÍTULO 2001 14 x 14 x14 cm Caixa de vidro, agulhas e foto Coleção particular
UNTITLED 2001 14 x 14 x14 cm Glass box, needles and photo Private collection

Agulhas e linhas

Sobre alguns trabalhos novos de Renata Barros

A rápida transformação de um animal inofensivo para uma ameaça mortal é, sem dúvida, o motivo pelo qual os escorpiões são classificados como insetos incomuns. Nós não confiamos neles e por isso ficamos sempre atentos. Quando eles permanecem imóveis, esperamos logo pelo ataque mortal. As obras de Renata de Barros refletem esta atitude charmosa de um escorpião. Encaixada em um abrigo de vidro claro e limpo, nos deparamos com uma constelação conhecida: agulhas e linhas. Estes objetos poderiam nos remeter às idéias de trabalho doméstico, de cotidiano, de trabalho manual praticado ao longo dos séculos e alcança, no auge estético da artista brasileira, um potencial de agressão muito sutil. A ponta perigosa da agulha de aço, as linhas escarlates transpassadas aos montes através do orifício da agulha permitem imaginar *en miniatur* na sucessão de um Duchamp – realçada ainda mais pelo vidro. É como se através da proteção minuciosa da gaiola de vidro o resultado ameaçador ganhasse forças, mudando a nossa percepção: as coisas cotidianas e inofensivas aparecem sob um novo foco – elas escondem um risco perigoso. Tão limpo quanto em um museu da história da medicina, se mostra a aparelhagem filigranata revelando somente agora os seus caracteres fetichistas. Diferentemente dos objetos-cabeça. Os esboços de rostos humanos adquirem uma nova pele de material sintético. Vinil ou folhas plásticas de um colorido vivo empregam à fisionomia humana de olhos, nariz, boca, resultando em uma nova anonimidade. É possível perceber isto de forma lúdica e divertida, ou então de forma dura e ameaçadora. Este equilíbrio instável – apresentado de forma muito bem calculada por meio da possibilidade de transformação repentina de um rosto infantil para uma carranca assassina, proporciona um suspense especial ao trabalho da artista. Ao mesmo tempo, ela consegue realizar um jogo com materiais conhecidos e pouco convencionais, cores e formas, que nos estimula sensualmente,

Needles and thread

On some new works by Renata Barros

The rapid transformation of an inoffensive animal into a deadly threat is, undoubtedly, the reason why scorpions are classified as unusual insects. We don't trust them and this is why we are always on guard. When they are still, we await their fatal attack. Renata Barros' work reflects this charming attitude of the scorpion. Boxed in a light and clean glass shelter, we are presented with a known constellation: needles and thread. These objects could refer to ideas of domestic work, the everyday, manual work practiced over centuries that achieves, at the aesthetic peak of Brazilian art, a very subtle and aggressive potential. The dangerous point of the steel needle, the scarlet cotton, threaded repeatedly through the eye of the needle allow one to imagine, "in miniature", a succession to Duchamp – highlighted even more by the glass. It's as if through the thorough protection of the glass cage the threatening result is strengthened, changing our perception: inoffensive everyday things appear in a new light – they hide a dangerous risk. As clean as in a medical history museum, filigree-making equipment may only now be seen revealing its fetishistic characteristics. Unlike the head-objects. Their outlines of human faces acquire a new skin of synthetic material.

despertando o nosso desejo tático e ao mesmo tempo nos deixando assustados. • **Carl Friedrich Schröer. C.F.S., Curador e Historiador de Arte. Bonn, Alemanha, 2001.**

Vinyl or sheets of vividly colored plastic are employed in place of the human physionomy of eyes, nose, mouth, resulting in a new anonymity. It is possible to feel this as playful and fun, and then hard and threatening. This unstable balance – presented in a very well calculated way by means of the possibility of rapidly transforming a childlike face into a murderous scowl, provides a special suspense to the artist's work. At the same time, she manages to achieve a game with known and unconventional materials, colors and forms, that stimulate us sensually, releasing our tactile desire while scaring us. • **Carl Friedrich Schröer. C.F.S., Curator and Art Historian. Bonn, Germany, 2001.**

S/TÍTULO 2001 14 x 14 x 14 cm Caixa de vidro, agulhas e linhas de lã Coleção Carlos Alberto Lamback
UNTITLED 2001 14 x 14 x 14 cm Glass box, needles and thread Carlos Alberto Lamback collection

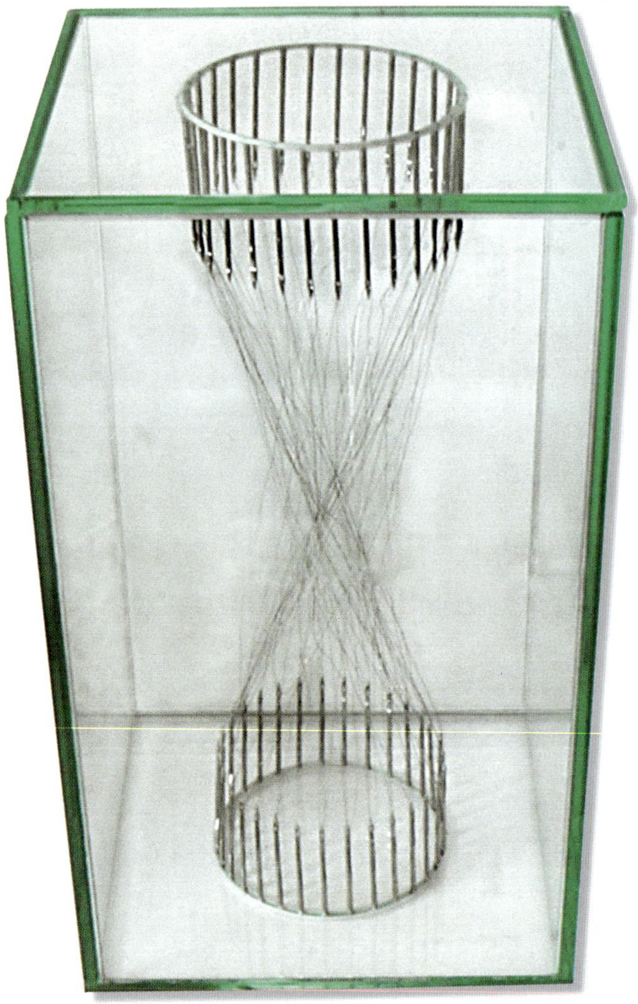

S/TÍTULO 2001 21 x 15 x 15 cm Caixa de vidro, fios e agulhas Coleção Renato Gomes
UNTITLED 2001 21 x 15 x 15 cm Glass box, wire and needles Renato Gomes collection

S/TÍTULO 2001 20 x 14 x 14 cm Caixa de vidro, agulhas e fios de aço Coleção Carlos Alberto Lamback
UNTITLED 2001 20 x 14 x 14 cm Glass box, needles and steel wires Carlos Alberto Lamback collection

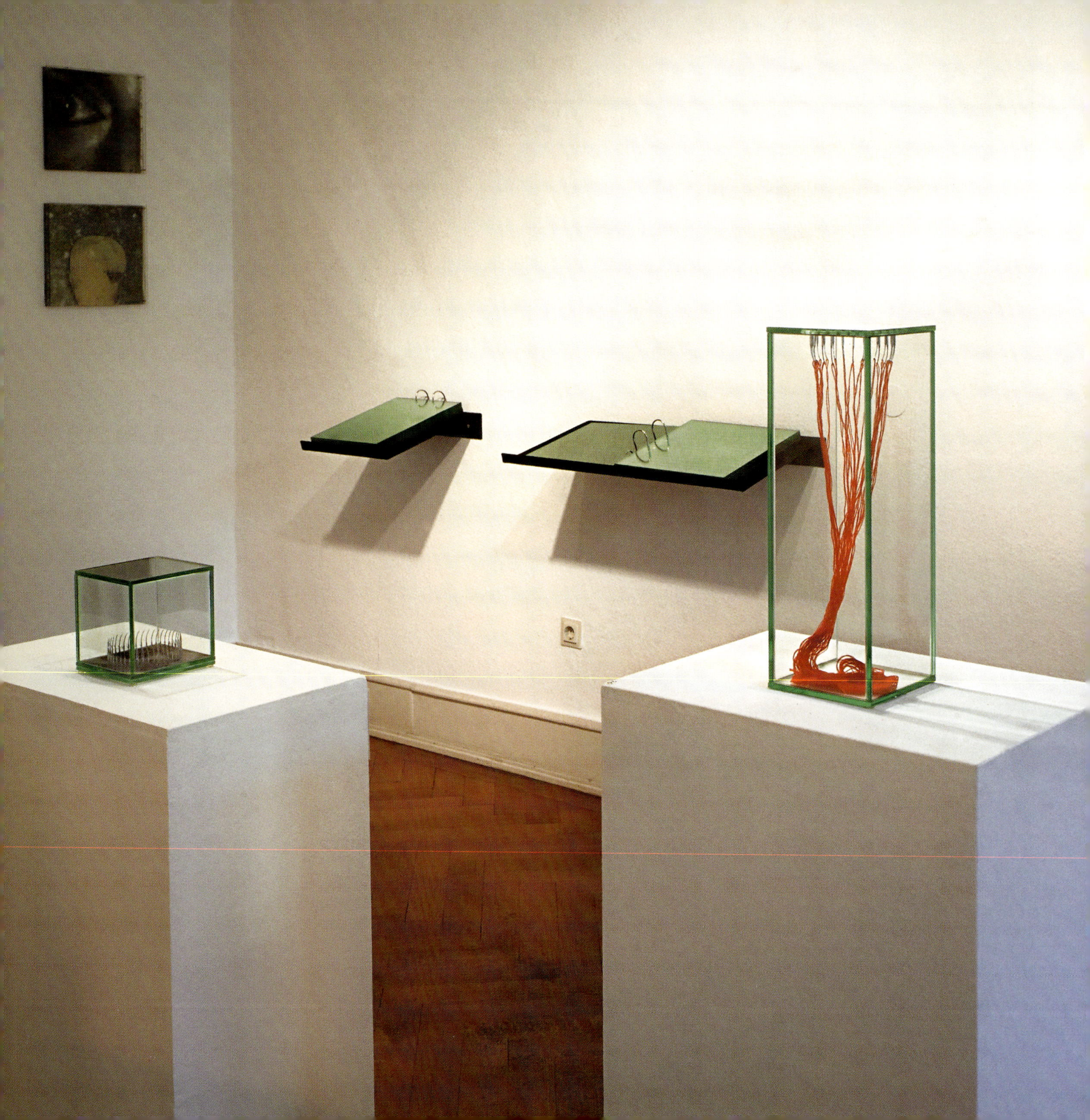

Vista parcial da exposição "Einsichten" na Galerie Barbara Cramer

Parcial view of "Einsichten" Exhibition at Galerie Barbara Cramer

S/TÍTULO 2001 36 x 12 x 12 cm
Agulhas e linhas de lã em caixa de vidro Coleção da artista

UNTITLED 2001 36 x 12 x 12 cm
Needles and thread in glass box Artist collection

Olho no olho   2001   15 x 15 x 15 cm   Vidro, porcelana e plástico   Coleção particular   Detalhe
Eye to Eye   2001   15 x 15 x 15 cm   Glass, porcelain and plastic   Private collection   Detail

Casal de gansos 1998 45 x 45 x 45 cm Vidro jateado e plumas Coleção particular
Geese couple 1998 45 x 45 x 45 cm Milky glass with feathers Private collection

Detalhe
Detail

Instalação e Vídeo
Installation and Video

A projeção e suas metáforas

A arte da projeção nasceu há cerca de quatro séculos atrás, com os teatros de luz de Giovanni Della Porta e a lanterna Mágica de Athanasius Kircher. O cinema não é senão o *interregno* mais conhecido dentro dessa longa história, visto que logrou transformar a técnica da projeção numa indústria lucrativa. Mas foram os artistas plásticos que souberam extrair todas as consequências do fenômeno do transporte de imagem através da luz, explorando a natureza fantasmática da imagem projetada e as associações imaginárias provocadas por esse tipo particular de imagem.

Na vídeo-instalação concebida por Renata Barros, a projeção representa uma oportunidade para a artista explorar o artifício da duplicação imaginária do mundo visível. Ao fazer com que a imagem dela própria, pendurada de cabeça para baixo, seja projetada sobre uma pele artificial (novamente a recorrência da idéia do artifício) suspensa num trapézio, a artista joga com a ironia de sugerir à imaginação do espectador que é ela quem está realizando evoluções circenses no trapézio. Mas não se trata de um ilusionismo assumido, como no cinema. Aqui, o artifício se desvela no mesmo momento em que se insinua: o projetor está visível no ambiente da instalação, enquanto a imagem, projetada num ambiente claro, apenas se deixa sugerir vagamente, sem pretender de fato, iludir o espectador. Mais que reeditar o dispositivo cinematográfico da projeção, o que de fato busca Renata Barros é construir uma metáfora poética sobre uma outra projeção, aquela que se passa dentro de nós: a projeção imaginária do eu sobre um outro. • **Arlindo Machado, professor da ECA/USP e da PUC - SP, Curador, Crítico de Artes e autor, entre outros, dos livros A Ilusão Especular, A Arte do Vídeo e Máquina e Imaginário. 1998 - Instalação no MARP Ribeirão Preto e Museo de Bellas Artes de Buenos Aires.**

Projection and its metaphors

The art of projection was born around four centuries ago, with the theaters of light of Giovanni Della Porta and the Magic Lantern of Athanasius Kircher. Cinema is no more than the most well-known *interregnum* in this long history, seeing as it managed to transform the projection technique into a profitable industry. But it was visual artists who knew how to get the most out of all the possibilities of this phenomenon of transporting images through light, exploiting the ghostly nature of the projected image and the imaginary associations provoked by this particular kind of image.

In the video-installation conceived by Renata Barros, projection represents an opportunity for the artist to explore the artifice of the imaginary duplication of the visible world. In projecting her own image, hanging upside down from a trapeze, onto an artificial skin (once again the recurrence of the idea of artifice), the artist plays with the irony of suggesting to the imagination of the spectator that she herself is doing circus acrobatics on the trapeze. But it's not an openly recognized illusionism, as in cinema. Here, the artifice is revealed at the same moment as it is implied: the projector is visible in the installation space, while the image, projected onto a well-lighted environment, is only suggested vaguely, with no intention infact to deceive the spectator. Rather than present again the cinematic device of the projection, what infact Renata Barros seeks to do is build a poetic metaphor about another projection, that which goes on within ourselves: the imaginary projection of the self onto another. • **Arlindo Machado, professor at ECA/USP and at PUC - SP, Curator, Art Critic and author of, among others, the books 'A Ilusão Especular', 'A Arte do Vídeo' and 'Máquina e Imaginário'. 1998 - Instalation at MARP Ribeirão Preto e Museo de Bellas Artes de Buenos Aires.**

INSTALAÇÃO 1998
300 x 100 cm
Projeção de video
no látex sobre trapézio

INSTALLATION 1998
300 x 100 cm
Projection of video
on latex on trapezium

Montagem de fotos instaladas no teto 1997
Montage of photos installed on ceiling 1997

Detalhe da instalação de teto 1997
Detail of installation on ceiling 1997

Pedaços de mim

Os trabalhos de Renata Barros apresentados nesta exposição foram executados nos últimos três anos no eixo Brasil-Alemanha, devido a vários convites, como da Fundação Heinrich Böll e da cidade de Colônia. Em 1997, as obras da artista puderam ser vistas pela primeira vez na Alemanha, na exposição itinerante "Organicus" a qual retratava formas e materiais orgânicos na produção contemporânea brasileira. Durante sua estada na Alemanha, houve a possibilidade de intensificar esta série, acoplando ainda outros meios e materiais, como a fotografia, o vídeo e o vidro. Algumas destas obras estarão sendo apresentadas no Instituto Goethe na mostra "Pedaços de Mim", em que seu corpo é novamente alvo de sua inquietação artística e passam por uma dilaceração, a fim de ressaltar partes especificas. O vídeo "Clone I" mostra um clone da artista refletido sobre uma superfície de látex pendurada sobre um trapézio. O material usado sempre faz alusão à forma representada, neste caso, o látex simboliza a pele de Renata Barros. Na série "Coração" as peças são de vidro, material que remete à fragilidade deste órgão, presos por tubos de látex simbolizando as veias que o conectam ao corpo humano, transpondo assim as emoções. O vidro usado é branco, colorido ou leitoso, como reflexo dos vários estados emocionais. Como continuidade desta trajetória autobiográfica surge uma série de livros/diários, também de vidro, como referência à transparência de seu conteúdo. Por fim, têm-se o desprendimento do corpo humano e elementos terrestres através da obra "Céu", uma caixa de vidro repleta de plumas brancas refletindo a leveza e pureza de um recomeço. • **Instituto Goethe - São Paulo - Pedaços de Mim - 10 de junho de 1999. Tereza de Arruda, Curadora e Historiadora de Arte. Berlim, maio de 1999.**

Pieces of me

The works by Renata Barros presented in this exhibition were made over the last three years in the Brazil-Germany axis, as a result of various invitations, among them from the Heinrich Böll Foundation and the city of Cologne. In 1997 the artist's work could be seen for the first time in Germany, in the travelling exhibition "Organicus" that portrayed the production of organic forms and materials within Brazilian contemporary art. During her stay in Germany it became possible to intensify this series, adding still more mediums and materials, such as photography, video and glass. Some of these works will be presented at the Goethe Institute in the show "Pieces of Me", where her own body is once again the target of her artistic disquiet, parts of which are lacerated, in order to emphasize other specific parts. The video "Clone I" shows a clone of the artist reflected onto a latex surface hung from a trapezium. The material used always alludes to the form represented, and in this case the latex symbolizes Renata Barros' skin.

In the "Heart" series the pieces are made of glass, a material that suggests the frailty of this organ, attached by latex tubes symbolizing the veins that connect it to the human body, thus transposing the emotions. The glass is white, colored or milky, to reflect various emotional states. Giving continuity to this autobiographical direction a series of books/diaries emerge, also made of glass as a reference to the transparency of their content. Finally, there is the detachment of the human body from earthly elements in the work "Céu", a glass box full of white feathers, reflecting the lightness and purity of a new beginning. • **Goethe Institute - São Paulo - Pieces of Me - June 10, 1999. Tereza de Arruda, Curator and Art Historian. Berlin, May, 1999.**

S/TÍTULO 1997 20 x 25 cm Foto dos meus olhos Coleção particular
UNTITLED 1997 20 x 25 cm Photo of my eyes Private collection

S/TÍTULO 1998 Instalação
Lupas, foto, cera e látex Coleção particular

UNTITLED 1998 Installation
Magnifying glass, photo, wax and latex Private collection

Detalhe
Detail

Instalação Não Sente na Grama Paço das Artes (Museu da Imagem e do Som, SP) Curadoria Vitória Daniela Bousso
Installation Do not seat on the grass Paço das Artes (Museu da Imagem e do Som, SP) Curatorship Vitória Daniela Bousso

Fotografia
Photography

Conjunto de fotos da Casa de Cultura de Israel, São Paulo, SP 2004
Set of photos at the Cultural House of Israel, Sao Paulo, SP 2004

Janela do Teatro São Pedro, São Paulo, SP   2004
Window of Teatro São Pedro, Sao Paulo, SP   2004

Conjunto de fotos do Teatro São Pedro, São Paulo, SP
Set of photos at the Teatro Sao Pedro, Sao Paulo, SP

PAISAGENS 2003 Fotografia digital
LANDSCAPES 2003 Digital photography

PAISAGENS 2003 Fotografia digital
LANDSCAPES 2003 Digital photography

Detalhe
Detail

S/TÍTULO 2004 Fotografia digital e pintura Coleção da artista
UNTITLED 2004 Digital photography and painting Artist collection

Entrevistas
Interviews

A artista

Renata Barros nos últimos três anos realizou trabalhos no Brasil e na Alemanha, país onde residiu durante dois anos a convite da Fundação Heinrich Böll e da cidade de Koln. Natural de São Paulo, onde viveu até 1981 quando se formou em artes plásticas, viajou para a França para estudar Civilização Francesa na Universidade de Sorbonne em Paris. Desde 1984, expôs em coletivas no Chile, Argentina, Holanda, França, Alemanha e Brasil. Paralelamente, realizou individuais no MIS (Museu da Imagem e do Som), no MASP (Museu de Arte de São Paulo), e em Buenos Aires, Koln e Bonn. Algumas de suas obras integram os acervos do MASP, do MAC (Museu de Arte Contemporânea da USP), da Fundação Padre Anchieta e da Fundação Heinrich Böll, em Koln. Seus trabalhos exploram vários materiais: madeira, vidro, fotografia, pintura em tela, acetato, látex, entre outros. O material usado em cada trabalho tem uma relação imediata com a obra, como mostra a série "Corações".

Todos eles provocam o "olhar", desmecanizado e obrigando "foco e pupila", a se exercitarem. O olhar então pula, se desloca para encontrar com outros olhos: os da artista, dispostos em diferentes cantos da exposição, como que observando o visitante. O percurso da artista é entremeado de citações e referências. • Renata conversa com a ESFERA, revista virtual, no pátio do Instituto Goethe (São Paulo), onde termina em julho sua exposição "Pedaços de Mim". As obras expostas mostram o corpo da artista cortado em pedaços, dispostos num horizonte que remete a uma paisagem que ela intuía "Jack the Ripper - Landscape". O percurso da mostra inicia com o vídeo Clone 1, no qual Renata projeta seu próprio clone sobre uma pele de látex em um trapézio de aço.

About the artist

For the last three years, Renata Barros worked in Brazil and Germany, where she lived two years as a special guest from Heinrich Böll Foundation in Köln. She was born in São Paulo, where she lived until 1981 when she graduated in Fine Arts. Right after that, she traveled to France to study French civilization at Sorbonne University in Paris. Since 1984, she had been participating in group exhibitions in Chile, Argentina, Holland, France, Germany and Brazil. In another hand, she also did her individual exhibitions at MIS (Image and Sound Museum) and at MASP (Art Museum of Sao Paulo), both in Sao Paulo; as well she did in Buenos Aires, Argentina, Köln and Bonn, in Germany. Some of her artwork is present in the MASP museum collection as well at MAC (Contemporary Art Museum of USP), at Padre Anchieta Foundation and the Heinrich Böll Foundation in Köln. Her work pieces experience many materials: wood, glass, photography, canvas painting, acetate, latex etc. The relationship between the materials chosen to be used in every piece of work is very connected and meaningful to the artwork itself as you may see in the "Corações" series (Hearts). All of them are supposed to provoke the "gaze" in an unconventional way and to force people to exercise the "focus and pupil". The gaze then jumps and relocates it self to meet other eyes: The artist's, disposed in different corners of the exhibition as observing the visitors. The artist way is full of citations and references. Renata chats with ESFERA (a cultural magazine), at the Goethe Institute (Sao Paulo), where she's ending in July her exhibition "Pieces of me". The work pieces exposed reveal the artist's body in slices displayed in a horizon that is remitting to the unusual landscape entitled "Jack the Ripper - Landscape". The show begins with the video "The Clone 1", where Renata projects her own clone onto one latex skin displayed in a metallic trapezium.

Entrevista com a artista Renata Barros **Esfera - Revista Eletrônica, por Paula Valéria Andrade**

Madeira, vidro, fotografia, tinta, acetato, látex, não tem limite o material usado por Renata Barros. Ela conversou com a Esfera no pátio do Instituto Goethe de São Paulo, onde fica até julho a sua exposição *Pedaços de Mim*. As obras mostram o corpo da artista cortado em pedaços, dispostos num horizonte que remete a uma paisagem que ela intitula *Jack the Ripper - Landscape*.

PVA - Você explora diversos materiais como madeira, vidro, fotografia, acetato, látex, entre outros. Na série *Corações*, vidros brancos, leitosos e coloridos definem estados de ânimo, tubos de látex são as veias que envolvem e amarram. Por que esses materiais?

RB - De certa forma são os materiais que me encontram. Mas quando o assunto me interessa eu vou à busca deles, os tais novos materiais. O vidro foi uma história de quando cheguei na Alemanha. Vi que estavam tirando as janelas de um certo lugar e deixando tudo na rua. Fui pegando esse material, e mais alguns papéis achados, e comecei a trabalhar. Eu já havia trabalhado o coração em madeira, com uma preparação parecida com a porcelana, para falar da fragilidade do coração, e aí o vidro acabou sendo material ideal, pois ele nos fala do coração de todos que olham para o trabalho e se vêem, se refletem. E os materiais foram aparecendo, eu pintei, trabalhei com madeira, com papel, quando resolvi recortar o fundo da pintura apareceu a madeira. Foi aí que eu comecei a trabalhar só os desenhos, busquei outras experiências e a pintura foi ficando para atrás, mas nunca a abandonei de verdade. Ainda continuo pintando, só que me interessa mais mostrar os recortes, as fatias, poder trabalhar com o perfil nas obras. Em *Slices*, minha primeira individual no MASP, com Fábio Magalhães como curador, eu cortava madeiras em fatias, comecei a fazer a mesma coisa (obviamente com resultados diferentes) usando o vidro. Eu também gosto de misturar materiais quentes e frios, os orgânicos

Interview with the artist Renata Barros

Esfera e-magazine, by Paula Valéria Andrade

Wood, glass, photography, paint, acetate, latex, there's no limits when it comes to the materials chosen and revealed by the artist Renata Barros. She had a chat with Esfera at the Goethe Institute in Sao Paulo, where her exhibition *Pedaços de Mim* (*Pieces of me*) is currently on until the end of July. Her work pieces show the artist's body cut in pieces, displayed in a horizon that reminds one of a landscape she entitled *Jack the Ripper - Landscape*.

PVA - You seem to explore an extended variety of materials such as wood, glass, photography, acetate, latex, and many others. At the "*Corações*" (Hearts) series , white, milky and colorful glasses define moods, latex tubes are the veins that involve and wrap the piece up. Why do you use these materials?

RB - In a certain way, they (the materials) found me. But when the subject is really interesting to me, I just search for them, the new materials. The glass: it was a story from when I arrived in Germany. I saw people taking the windows off from a derelict place and leaving them behind, throwing them away on the street. I decided to take that and some papers as well and started to work. At this point, I had already made the wooden heart piece as a preparation for the porcelain phase, to bring up the subject of the heart's frailty, so I changed my mind and decided that glass was the ideal material to do it, because it's a surface that shows

S/Título 2000 40 x 100 cm Pigmento sobre tela
Coleção Carlos Alberto Lamback

Untitled 2000 40 x 100 cm Pigments on canvas
Carlos Alberto Lamback collection

e os industriais, então o látex já tinha surgido como um material orgânico e neste caso específico dos corações, eles são veias de látex que suportam esse coração, e são presos no prego, que é um símbolo que remete a Cristo, um símbolo de amor ligado ao coração. Os vidros vermelhos eu peguei de resto de catedrais na Alemanha, eram vidros que estavam à venda como restos, sucateados, restos de vitrais antigos, vidros lindos feitos à mão bem cor de sangue. Quando eu vi esse material, me encantei por ele.

PVA - Como você define os seus trabalhos? São esculturas, objetos ou instalações?

RB - Eu acho que são objetos, e também instalações. Esculturas não são, porque eu não esculpo, mas são objetos eu construo, componho. Eles são trabalhados com relevos, se deslocam da parede, podem estar no chão, podem estar no teto, podem estar apoiados na própria parede. Eu trabalho muito um tipo de "objetos saltados", deslocados. Também trabalho muito o perfil, não é uma coisa plana. As instalações eu faço muito as de parede, uso o teto, como naquele *Clone*. Fiz uma exposição na Alemanha em que aconteceu algo muito interessante. Eu tinha acabado de chegar e fizeram uma abertura de ateliers para todos se visitarem. E eu não tinha trabalhos comigo, apenas uma grande experiência com a fotografia, com o acetato, com o vidro, então como o meu

people's reflection, they may see themselves, their faces, reflected on this heart piece. And the other materials started to show up, I painted, I used wood and paper when I decided to cut the background of the painting to reveal the texture of the wood. At this point, I started to work only with drawings and left the painting aside for awhile, but I never stopped painting. It's interesting for me to cut, because you have the chance to work with profiles. At *Slices*, my first exhibition at MASP, with Fábio Magalhães as curator, I sliced up pieces of wood, which gave me the inspiration to do that with glass as well. I also like to mix hot and cold materials, the organics and the industrialized. So the latex was already an organic material, and in the specific case of the "Hearts" project, it was perfect to do the veins to support this heart, held by the wall as a symbol of Christ, a symbol that evokes the supreme love, which is deeply connected to the heart. The red glasses I got from German cathedrals, as leftovers. They're stained glass windows up for sale, and they're beautiful pieces of handmade glass in that color of blood. When I saw it, I was thrilled!

PVA - How do you define your work? Are they sculptures, objects or installations?

RB - I do think they're objects and installations as well. They're not sculptures because I don't carve them, but they're objects that I constructed, I composed. They're pieces with volume, they come out of the wall, they may be at the floor, they may be at the ceiling, they may be supported by a wall. I work often with a series of "jumping objects": they're dislocated. I also work with profiles, which is not a plain or flat thing as well. The installations I do are often the ones you may hang at the wall, or at the ceiling, as you may see in the one called *Clone*. I did this exhibition in Germany where something interesting happened. I just arrived and they opened all the ateliers and everyone could visit everybody's place and I didn't have any piece of work with me, only a

atelier era uma sala grande e não tinha nada, era um vácuo. Usei isto e quando eles entraram não tinha nada, tudo estava vazio, e quando olharam para o teto, viram todos os meus olhos, com vários tipos de olhares, uns que sorriam, outros que se espantam e eu observando os que vieram me observar. Olhares bravos e felizes, enfim, expressões dos olhos em fotografia recortada e disposta em instalação disforme no teto. Eu estava olhando para eles, eles estavam procurando não sei o que e eu estava olhando para eles. Foi uma brincadeira que também no fundo é uma instalação.

PVA - Estudar filosofia no Brasil e fazer um curso de civilização francesa na Sorbonne deu para você um outro olhar sobreposto à sua formação de artes plásticas?

RB - Meu interesse sempre foi mais o pensamento humano, o sentimento humano, a realidade e a forma de produção, o mundo contemporâneo como um todo. Então na verdade as artes plásticas me interessam menos que a filosofia ou que o ser humano. Esta é só uma forma, uma forma de falar sobre um assunto que me interessa, de questionar os assuntos. Como no *Clone*, onde eu questiono a ciência. E as fantasias, as fábulas, os contos de fada, a mitologia, a literatura, enfim tudo. As artes plásticas são a forma que encontrei de tocar nesses assuntos. Nunca é a forma pela forma. Eu até acho que a pintura pela pintura tem componentes interessantíssimos, mas os objetos não. Eles têm na forma um referencial ligado aos assuntos, são os assuntos que me interessam, mesmo que não narrem nada, mas pontualizam.

PVA - Você já expôs no Chile, Holanda, Argentina, Alemanha e França. Como você sente a comunicação do seu trabalho em lugares onde as culturas são tão distintas? Como é o retorno?

RB - A diferença é bem grande. Por exemplo, na Alemanha tudo só pode e deve ser sério. Você pode ser sério lá, é um grande prazer como artista. Posso fazer trabalhos onde eu

large past experience with photos, acetate and glass, so my room was a large one and as I didn't have anything there yet, it looked as a big vacuum. I used that, toll and when they came in, everything was empty and when they looked at the ceiling they saw all my eyes, some smiling, some scared and there was, observing the people who came to observe me. Those various pairs of happy eyes or furious eyes, expressions of my own eyes, fragments in pictures, photos that I cut and displayed there as an installation. I was looking at them, they were searching for I don't know what and there I was, looking at them. It was a joke, a sort of playful game but at end it was an installation as well.

PVA - You did study philosophy in Brazil and French Civilization at the University of Sorbonne in France. Do you believe that background gave you another layer to your Fine Arts education?

RB - I was always mainly interested in human thought, human feelings, the reality and the forms of productivity, the contemporary world as a whole. To speak the truth, the Fine Arts are less interesting to me then Philosophy or the human being. So my point is that art is just a form of talking about things that are important, or simply to make some questions. As in the *Clone* piece, where I'm questioning science itself. And fantasies, fairy tales, legends, literature and everything else in society. The Fine Arts to me are a way to deal with these issues. It's not about form for form's sake. I think art for art's sake has an interesting side to it, in painting, but not when we are dealing with objects. They use form as a reference that connect them with issues, and I'm interested in issues, even if they don't have a narrative, but they make a point.

PVA - You did exhibitions at Chile, Holland, Argentina, Germany and France. How do you feel your work is communicating in so many different cultures? How's the real feedback?

questiono seriamente assuntos e não tenho preocupação com o "bonitinho", e o reconhecimento é mais fácil, comercializar é mais fácil. São outras as questões por lá, inclusive não é permitido o belo, o divertido e coisa e tal. No Brasil, você não pode ser sério, porque se você é sério, você é quase que um chato na vida. A preocupação é sempre em divertir o outro, dar prazer ao outro, ou se dar prazer. Aqui o belo, a tela colorida, é a necessidade de comercializar, a necessidade do público. Uma tela quase preta, uns objetos meio estranhos com veias penduradas, falando de órgãos e coisas assim, deixam as pessoas com medo de se questionar e de se introspectar e refletir. É uma diferença enorme, na Alemanha, se divertir, rir e ter prazer é uma questão secundária, já não é o foco. Já na América Latina, para falar de outras diferenças, o Brasil é que é a grande diferença. Argentina, Chile, Peru e México têm trabalhos que usam mais cores. Os outros países também falam de violência, mas a América Latina trabalha muito com sangue, com as cores, de forma um pouco mais realista, violenta mesmo. O Brasil, não. É mais elegante, mais sintético e essas diferenças são fundamentais. O aspecto formal das artes plásticas brasileiras me interessa mais.

PVA - Onde você busca suas referências mais fortes?

RB - As referências eu acho que são como uma antena, que vai captando e capturando tudo, que vai gerindo e brotando. Mas eu uso tudo o que me interessa que vai me acontecendo na vida, na ciência, nos contos de fada, no lado lúdico das coisas, na literatura, no pensamento filosófico e na psicologia. E às vezes o próprio material também é uma coisa nova, é uma referência de coisas novas, como a vitrine, como uma coisa rápida, como você lá, como simples coisa exposta.

PVA - Por que o uso do corpo?

RB - O artista começa a usar o próprio corpo (e isso não sou só eu que estou fazendo) talvez pelo fato de ser

RB - The differences are huge. For example, in Germany everything must be – and has to be – very serious. You can be serious there, it's a pleasure to the artist. I can do things there where I'm seriously questioning issues and I don't have to make them look "nice" or cute. Also it is easier to get recognized as an artist and to sell your work. They have sort of other questions and they even don't appreciate the beauty itself, the fun for the pleasure of the fun and etc. In Brazil, you can't be serious, because if you're too serious you're considered very obnoxious. The point here is to be always entertaining your audience, give pleasure and fun. Here, beauty, and the color is what sells better. A black canvas with some weird objects and some veins hanging talking about make people scared to face that sort of questions and to think about what the meaning behind the image is. It is really a huge difference. In Germany, to laugh, to enjoy and have pleasure is secondary, not the focus. But in another hand in Latin America, Brazil is different from the others in

S/Título 2001 110 x 90 cm
Resina e plástico sobre madeira recortada Coleção particular

Untitled 2001 110 x 90 cm
Resin and plastic on wood cut out Private collection

a maior referência e companhia que ele tem no espaço do atelier. É você mesmo, o seu corpo, com a sua cabeça que sempre está presente. Na Alemanha, quando eu estava trabalhando com essa coisa do outro, me espichando em fotocópia, recortando os olhos, era a minha própria referência e material, trancada no atelier, sem conhecer ninguém, nem pessoas eu tinha para fotografar. Em seguida aparecem os olhos de outras pessoas, as primeiras pessoas que conheci eu pedi para fotografar e recomecei todo esse processo. Na época, o interesse era o olhar e o novo. Eu estava lá começando tudo de novo. Depois veio essa coisa de "me cortar em pedaços", tipo Jack the Ripper. Na verdade, a questão é que você é o seu próprio material objeto para criação de novas paisagens.

S/TÍTULO 1998 31 x 20 cm
Plumas e acetato em caixa Coleção Regina Pinho de Almeida

UNTITLED 1998 31 x 20 cm
Feather and acetate on box Regina Pinho de Almeida collection

Argentina, Chile, Peru and Mexico they enjoy using more vibrant colors. They also like to deal with blood, and suffering, and to talk about violence and to express this in a realistic way. But that does not happen in Brazil. Here there is more elegance and synthesis, and that sort of difference is a fundamental aspect of the Brazilian formal Fine Arts that is really interesting to me.

PVA - Where do you search for your strongest references?

RB - References are like having an antenna to me, I just capture all the signs and I digest and start to brainstorm and to use everything that is interesting to me and what is happening in life and in science, and in fairy tales as well, the player side of things, in literature, and philosophical thought and psychology. Sometimes the material itself is something new as a new reference, as you sees thing at the store window just there, as a thing exposed.

PVA - Why the use of the body as a subject?

RB - The artist is starting to use his own body (and I'm not the only one who's doing that) perhaps for the fact that it is the main reference and company the artist may have in his own atelier. It's about you, your own body with your head always present where ever you are. In Germany, when I was working with the subject of the "other", extending myself in photocopies, cutting out the eyes, this was my own reference and material at the same time, locked at the atelier, lonely, without knowing people, no one to take pictures for my project. If you follow the sequence, you'll see later the eyes of other people, the first ones I met and asked to participate. I restarted the whole process. At this time, I was interested in the "gaze" and "the new". I was there starting everything again. After that, came the phase of "cutting myself in pieces" like Jack the Ripper. Truly the point is that you are your own material, and an object for the creation of a new landscape.

Renata Barros por Paula Valéria Andrade

Renata Barros, essa artista moderna, pós-moderna, internacional e contemporânea, que representa o Brasil na Alemanha com suas intrigantes obras conceituais em materiais inusitados e com o toque de suas reflexões além da estética do belo. Vidros, borrachas, tintas, olhos, caras, coisas. O trabalho de Renata é de um valor Brazuca, que poucos brasileiros conhecem. Mas ela resiste marcando com seu estilo pessoal, e cada vez mais ganha espaço e respeitabilidade dentro e fora do país. Bem vindos à bordo desse universo estético elegante e quase sempre poético de Renata Barros.

PVA - Quando você percebeu que era artista plástica e que seguiria essa trilha profissional?

RB - Desde criança, sempre pintei e desenhei com minha mãe que pintava por hobby e frequentava cursos de arte e acabava indo junto em ateliers. Num deles em que fui e me encantei foi Oswaldo de Andrade, que tinha apelido de Nonê. Desde então, me entusiasmei pela arte através de meu pai, que sempre se relacionou com artistas, como por exemplo Quirino da Silva, que frequentava minha casa e chegou a pintar muitas vezes lá mesmo. Daí em diante foi indo, até que, no cursinho conheci Fajardo e Baravelli. Fui aluna de Fajardo por muitos anos e depois na FAAP cursei artes plásticas e mais adiante fui assistente de Baravelli, já quando participava de várias exposições.

PVA - Você já expôs e viveu na Alemanha. Fale-nos sobre essa experiência.

RB - Dessas experiências todas por aqui, em 1996 fui participar de uma exposição apenas de artistas mulheres, chamada "Organicus" em Berlim e Dresden, e lá fui indicada para tentar um prêmio-bolsa da Fundação Heinrich Böll, e apenas em alguns meses depois fui a ganhadora e parti para a cidade de Bonn em 1997, por 6 meses. Até o inicio deste ano fiquei por lá e depois ganhei um atelier para trabalhar em Koln. Na Alemanha, trabalhei como nunca. Acho que o país propicia este entusiasmo às artes e ao trabalho. E claro, o clima frio nos faz introspectar mais.

Renata Barros by Paula Valéria Andrade

Renata Barros, this modern Artist, post-modern, international and contemporary, is representing Brazil in Germany with her unusual conceptualist work, as taking unlikely materials and giving them the touch of aesthetics beyond simply beauty. She uses materials such as glass, rubber, paint, eyes, faces, things. Renata's works have a very Brazilian quality that few brazilian know. She goes on marking her territory wisely with the use of her personal style, and, getting more and more recognition in and out of the country. Welcome a board the unique and elegant, nearly always poetic, aesthetic universe of Renata Barros.

PVA - When did you realize that you were in fact an artist and that you would take that path as a serious professional career?

RB - Since I was a little child, I did paintings and drawings with my mom who used to do that as a hobby. I used to go to the art workshops she did and to the studios. In one of these studios, I saw Oswaldo de Andrade, and it was an enchantment, he was nicknamed Nonê. Since then, I got very motivated by my father – who was friends with many painters – as, for example Quirino da Silva, who used to go visit us and even paint there when I was around. After that, I met the artists Fajardo and Baravelli, when I was studying to get into college. I was Fajardo's student for many years

PVA - Como você define seu estilo e/ou sua linha estética?

RB - Na verdade, meu caminho é sempre de busca. Sou curiosa para novas pesquisas, por isso meu trabalho já passou por inúmeras fases. Continuo minha busca através de questionamentos e de conceitos novos e também por consequência, utilizo, com frequência, vários materiais que se relacionam diretamente com as questões que me motivam no momento em que os uso.

PVA - Quem são os artistas que mais inspiram sua criação, aqueles que você sente que poderia dialogar com sua expressão?

RB - É dificil dizer o quanto a gente é influenciado por fatos e artistas e isso também vai mudando com o tempo. Quando criança, me lembro de ter tido uma forte admiração por Edward Munch, hoje tem tantos artistas que admiro e acho que seria demais enumerá-los todos. Vou citar os "mais". Aí vai: na alemanha Joseph Beyus, Rebeca Horn, Eva Hesse; no Brasil sempre vejo o trabalho de Angelo Venosa e me sinto em choque por achar que alguns trabalhos poderiam ter sido feitos por mim. Mas, admiro muitos outros, é uma lista infinita, sempre aparecem coisas que gosto, de artistas que experimentam.

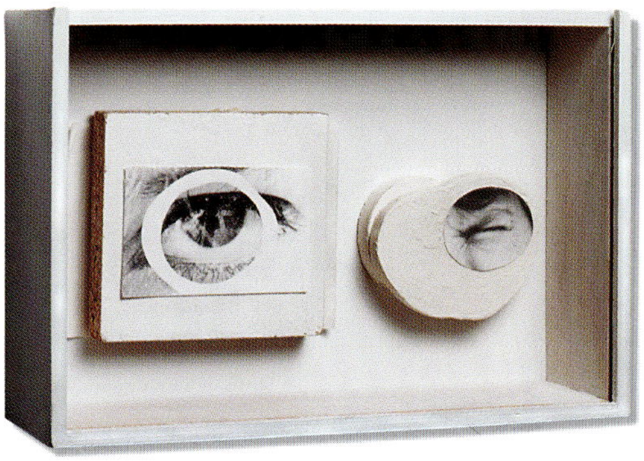

S/Título 1998 31 x 20 cm
Caixa em madeira colagem Coleção particular

Untitled 1998 31 x 20 cm
Collage on wood box Private collection

and then I did the university of Fine Arts at FAAP, Sao Paulo, and later I worked as Baravelli's assistant, when I was already involved in many exhibitions.

PVA - You lived and exhibited your work in Germany. Tell us about the experience.

RB - From all these experiences I lived here, in 1996. I joined a women's exhibit called "Organicus" in Berlin and Dresden. There I was nominated for the prize/grant from the Heinrich Böll Foundation, and only a couple of months later I was the winner and went to Bonn in 1997, where I lived, for six months. Until the begining of this year I stayed there and later on they fave me a studio to develop my work in Köln. In Germany, I worked as I never did before. I think the country embraces an enthusiasm for arts and work. And of course the cold weather makes you more introspective.

PVA - How would you define your style and your aesthetic tendency?

RB - To speak the truth, I'm always in search of things. I'm very curious for new research and tendencies and because of it, my work had already many different styles and phases. I keep on searching, through questioning, and I'm always looking for new concepts and, perhaps because of it – as a consequence – I frequently use many different materials that are related to the questions that motivate me at the moment I use them.

PVA - Who are the artists that inspired you in your creations, the ones that you feel you may have a kind of conversation through your expression?

RB - It is difficult to say how much we may not be influenced by facts or other artists, and that's also something that changes with time. As a child, I remember I had a very strong admiration for Edward Munch, but today there're many artists that I admire, too many to start naming them all. Just to say the most important: in

S/TÍTULO 2003 40 x 120 cm Pigmento sobre tela Coleção Renato Gomes
UNTITLED 2003 40 x 120 cm Pigment on canvas Renato Gomes collection

PVA - Qual foi sua última exposição individual e qual será a próxima?

RB - Minha ultima individual chamou-se "Leitura" e mostrei em Bonn, na *Galerie Cramer* e em Berlim, na Galeria do ICBRA e São Paulo na Galeria Monica Filgueiras, foi uma série de livros em vidros e caras em recortes com madeira e espelho.

PVA - Comente sobre sua participação na exposição Ópera Aberta Celebração, que se realizou na Casa das Rosas – São Paulo – sob curadoria de José Roberto Aguillar.

RB - Acho maravilhosa a idéia da exposição "Ópera Aberta Celebração", de Aguilar. Essa enorme quantidade de artistas junto mostra uma produção incrível no Brasil. Uma curadoria democrática, uma super qualidade na montagem, que foi difícil e que ficou muita rica. Enviei para essa mostra um pequeno trabalho de 12x12x12 cm, uma caixa cúbica de vidros com dois rostos trasparentes que se olham e com olhos de porcelana. O olhar, o clone, sem ar e fechado; de tudo falo um pouco.

PVA - Cite as galerias onde podemos encontrar o seu trabalho.

RB - Em São Paulo na RPA Escritório de Arte e Galeria Rosa Barbosa e Eduardo Fernandes da Por Exemplo Escri-

Germany – Joseph Beyus, Rebeca Horn, Eva Hesse; in Brazil – Angelo Venosa, and I do sometimes get surprised when I see his works and feel that some of them could maybe be made by myself. But I also admire many others, it's an infinite list, as I always like new things that emerge from experimental artists as well.

PVA - When was your last exhibition and when will be the next one?

RB - My last individual exhibition was called "Reading" and I did it in Bonn, Germany, at *Galerie Cramer* and in Berlin, at ICBRA Gallery and in Sao Paulo at Monica Filgueiras Gallery, it was one serie of glass books, and I did faces in wood and mirror.

PVA - Comment on your participation at the *Open Opera Celebration* exhibition (Ópera Aberta Celebração), at Casa das Rosas – Sao Paulo – under of Jose Roberto Aguillar.

RB - I think the exhibition's idea is wonderful. It's an enormous quantity of artists together showing an incredible quality of production in Brazil. It was a very democratic organization, an assemblage of high quality, a bit difficult but much enriched at the end. I sent to this show one little work of 12 x 12 x 12 cm, a cubic glass box with two transparent faces looking at each other and

tório de Arte. Em Brasília, a Galeria Referência, no Rio de Janeiro a Galeria Dobro, em Porto Alegre Bolsa de Arte e Galerie Barbara Cramer em Bonn, Alemanha. Museus onde tenho obras: MASP, MAC e Fundação Padre Anchieta, em São Paulo. MUMA e MAC, no Paraná, Instituto Rio Branco, em Brasília e Fundação Heinrich-Böll, em Berlim.

PVA - Deixe um recado para quem desenha, pinta e se expressa.

RB - O recado é trabalhar muito, ter muita persistência e honestidade com seu trabalho, sempre. Muitas vezes é uma prova de resitência.

• **Paula Valeria, Jornalista e Poetisa.**

both with eyes made in china. The gaze, the clone, without air and locked in: I say a little of all that.

PVA - Tell us the galleries where we may find your art-work.

RB - In Sao Paulo, at RPA Bureau of Art and Rosa Barbosa Gallery and at Eduardo Fernandes from Por Exemplo Bureau of Art. In Brasília at the Referência Gallery, in Rio de Janeiro at Dobro Gallery, in Porto Alegre Bolsa de Arte Gallery and Galerie Barbara Cramer in Bonn, Germany. Museums where I have permanent pieces: MASP, MAC and Padre Anchieta Foundation in Sao Paulo, MUMA and MAC, in Paraná and at Rio Branco Institute in Brasília. And at Heinrich-Böll Foundation, in Berlin.

PVA - Leave a message for those who do paintings or drawings.

RB - My message is hard work, have a lot of persistence and honesty in your own work. Always. A lot of times i'ts a proof of endurance. • **Paula Valeria, Journalist and Poetress.**

Projeto webart "Segunda mão" Women of the world 2003
Webart project "Second hand" Women of the world 2003

Vista parcial da exposição "Leitura" 2002
Parcial view of "Reading" exhibition 2002

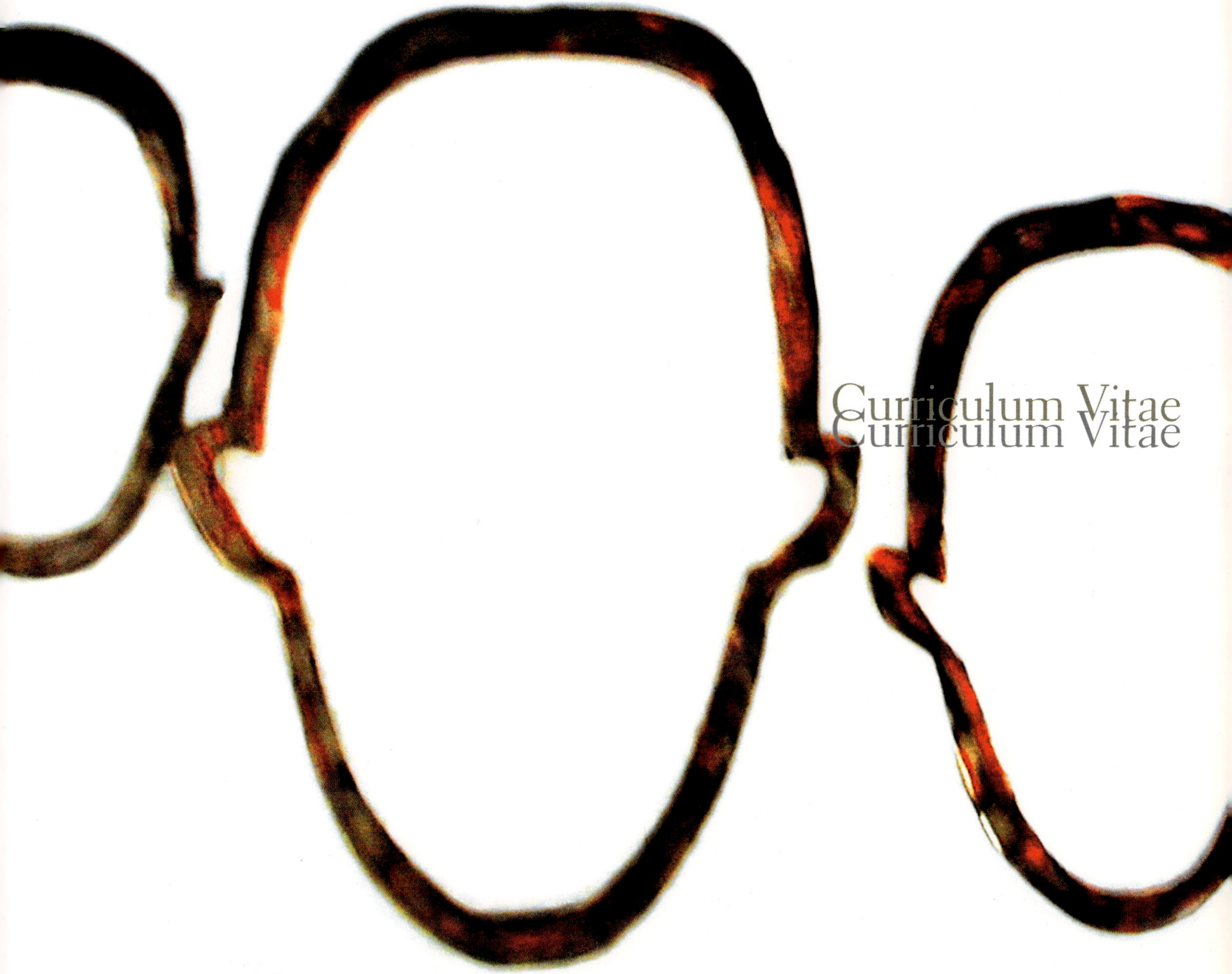

Curriculum Vitae

Curriculum Vitae

A pintura desde cedo tornou-se meu meio de melhor comunicação. Entre vários artistas que conviveram em minha casa na infância, Quirino da Silva me incentivou fortemente pela sua honestidade do fazer e pensar a arte. Do cotidiano recortado fui à abstração e hoje retorno à figuração, com o interesse dirigido ao ser humano, estando ele presente ou ausente... "A arte é uma confissão de que a vida não basta" (Fernando Pessoa), é esse pensamento que me impulsiona, somado à uma dose de humor e poesia.

From an early age painting became my best means of communication. Among several artists who were often at home during my childhood, Quirino da Silva encouraged me greatly with his honesty in producing art and thinking about it. From cut-ups of everyday life I moved to abstraction and today have returned to the figurative, with my interest directed toward the human being, whether present or absent... "Art is a confession that life alone is not enough", that's the idea that drives me, added to a dose of humor and poetry.

Atelier nos anos 70/80 em São Paulo
Atelier in the 70's and 80's at São Paulo

Renata Barros

Renata Luzzi de Barros, brasileira, nascida em 6 de janeiro de 1959, São Paulo, SP, Brasil.

Formação

• FAAP Fundação Armando Álvares Penteado - Faculdade de Artes Plásticas - 1981 • USP Universidade de São Paulo - Faculdade de Filosofia - incompleto • Sorbonne - Paris - Curso de Civilização Francesa - 1982.

Obras em Acervos de Museus e Fundações

• Instituto Rio Branco - Brasília - Brasil • Instituto Goethe - Bonn - Alemanha • Fundação Heinrich Böll - Berlim - Alemanha • Fundação Padre Anchieta - Coleção Metrópolis - São Paulo - SP - Brasil. • MAC Museu de Arte Contemporânea do Paraná - Curitiba - PR - Brasil • MASP Museu de Arte de São Paulo - SP - Brasil • MAC Museu de Arte Contemporânea - São Paulo - SP - Brasil • MUMA Museu Metropolitano de Arte - Curitiba - PR - Brasil.

Exposições Individuais

• **2002** "Einsichten" ICBRA - Berlim - Alemanha • **2002** "Leitura" Galeria Monica Filgueiras - São Paulo - SP - Brasil • **2001** "Einsichten" Galerie Barbara Cramer - Bonn - Alemanha • **1999** "Pedaços de Mim" Instituto Goethe - São Paulo - SP - Brasil • **1999** "Pedaços de Mim" MUMA Museu Metropolitano de Arte - Curitiba - PR - Brasil • **1998** "Objects" Werft - Köln - Alemanha • **1998** "Objetos" MARP Museu de Arte de Ribeirão Preto - SP - Brasil • **1997** "Süssstoff" IFA Galerie - Bonn - Alemanha • **1991** "Slices" CAYC - Buenos Aires - Argentina • **1991** "Slices" MASP Museu de Arte de São Paulo - São Paulo - SP - Brasil • **1990** "Não sente na grama" Paço das Artes - MIS - São Paulo - SP - Brasil • **1989** "Cadeiras" IAB Instituto dos Arquitetos do Brasil - São Paulo - SP - Brasil

Exposições Coletivas

• **2004** "Coleção Metrópolis" MAC Museu de Arte Contemporânea - Campinas - SP - Brasil • **2004** "Povos de São Paulo" Fotografias - Centro Cultural Olido - São Paulo - SP - Brasil • **2004** "450 anos de São Paulo" - Sesc Pompéia - São Paulo - SP • **2003** "México Imaginário" Casa das Rosas - São Paulo - SP - Brasil; "Metrópolis" Pinacoteca do Estado - São Paulo - SP - Brasil • **2003** "Gravuras Brasileiras" Galeria Virgílio - São Paulo - SP - Brasil. • **2001** "Participação na Feira de Arte de Frankfurt" Galerie Barbara Cramer - Alemanha • "Auto Retrato" Espelho do Artista FIESP MAC - São Paulo - SP - Brasil • **2001** "Obra Nova" MAC - São Paulo - SP - Brasil • **2000** "Mujeres de las dos orillas" Memorial da América Latina - São Paulo - SP - Brasil e no Centro Valência de Cultura Mediterrânea - Valência - Espanha • "Transparências" Galeria Rosa Barbosa - São Paulo - SP - Brasil • **1998** Atelierhaus - Bonn - Alemanha. • **1998** "Kunst in Brasilien Heute" - Alemanha • **1998** Kunstlerhaus - Berlim - Alemanha • **1998** "Feminino/Plural" Museu Nacional de Belas Artes - Buenos Aires - Argentina • **1998** "Multiples e Kultiples" Article Galerie - Köln - Alemanha • **1998** "Kulture West" Köln - Alemanha • **1997** "Organicus" Espaço Centro de Arte Tambiá - João Pessoa - PB - Brasil • **1997** "Organicus"

Galeria Valú Oria - São Paulo - SP - Brasil • **1997** "Arte Conta Histórias" MAC USP - São Paulo - SP - Brasil • **1997** "Kunst aus Brasilien" Emst Moritzarndt - Universitat in Greifswald - Alemanha • **1997** "Kolonialismus" Versuche - Verne - Alemanha • **1996** "Destaque na Arte no Século XX" MAC USP - São Paulo - SP - Brasil • **1996** "Bandeiras" MAC USP - São Paulo - SP - Brasil • **1996** "Bandeiras" SESI - São Paulo - SP - Brasil • **1996** Vitrine no Metrô do MASP - Estação Trianon MASP - São Paulo - SP - Brasil • **1996** "Organicus, Formas e Materiais" ICBRA Berlim - Alemanha • **1996** "Organicus" Galerie Drei Nord - Dresden - Alemanha • **1994** "60 Artistas Homenageiam Aniversário USP" MAC USP - São Paulo - SP - Brasil • **1994** "Contemporâneas no Acervo do MASP" Décadas 80/90 - SP - Brasil • **1994** "Fome e Fama Lixo Global" Galeria Nara Roesler (Pró Betinho) - São Paulo - SP - Brasil • **1992** "Novas Aquisições Contemporâneas" MASP - São Paulo - SP - Brasil • **1992** "Pequenos Formatos e Poucas Palavras" Documenta Galeria de Arte - São Paulo - SP - Brasil • **1992/91** "Da Imagética Brasileira e de Miró" MAC - Ibirapuera - SP- Brasil • **1991** "Monumenten" Galeria Meander - Amsterdam - Holanda • **1991** Salão de Arte Contemporânea de Santo André - SP - Brasil • **1991** Festival Internacional de La Painture - Cagnes Sur Mer - França • **1990** "4 Desígnios" Paço das Artes - São Paulo - SP - Brasil • **1989** "Circuito Aberto" Evento especial da 20ª Bienal de São Paulo - SP - Brasil • **1987** "De Olho na Mídia" Fundação Cásper Líbero - São Paulo - SP - Brasil • **1987** "Cinco Artistas do Brasil" Galeria Bucci - Santiago - Chile • **1986** IX Salão Nacional de Artes Plásticas - Mostra Brasília - Brasil • **1985** "Prêmio Chandon" Prêmio de aquisição - Acervo da Galeria Unidade Dois - São Paulo - SP - Brasil • **1984** "Prêmio Chandon" Prêmio de aquisiçâo - MIS - São Paulo - SP - Brasil.

www.renatabarros.com
e-mail: renatabarrosarte@yahoo.com.br

Atelier Hans, Bonn, Alemanha
Hans studio, Bonn, Germany

Primeira escritura 1997 Massa, resina sobre madeira recortada Coleção Carlos Alberto Lamback
First writing 1997 Mass, resin on wood cutout Carlos Alberto Lamback collection

Renate Brant

Renata Barros

Renata Luzzi de Barros, born on Jan 6th, 1959, Sao Paulo, Brazil.

Education

• Fine Arts - University - FAAP Fundação Armando Álvares Penteado - Brazil - 1981 • Philosophy - University - USP Universidade de Sao Paulo - unfinished • Sorbonne - Paris - French Civilization - 1982.

Works in Public Collections, Museums and Foundations

• Rio Branco Institute - Brasília - Brazil • Goethe Institute Bonn - Germany • Heinrich Böll Foundation - Berlin - Germany • Fundação Padre Anchieta - Metropolis Collection - Sao Paulo - SP - Brasil • MAC Museum of Contemporary Arts - Paraná - Brazil • MASP Sao Paulo Museum of Art - SP - Brazil • MAC Museum of Contemporary Art - Sao Paulo - SP - Brazil • MUMA Museum of Metropolitan Art - Curitiba - PR - Brazil.

Solo Exhibitions

• **2002** "Einsichten" ICBRA - Berlim - Germany • **2002** "Reading" Monica Filgueiras Gallery - Sao Paulo - SP - Brazil • **2001** "Einsichten" Galerie Barbara Cramer - Bonn - Germany • **1999** "Objetos" Goethe Institute - Sao Paulo - SP - Brazil • **1999** "Pedaços de mim" MUMA Museum of Metropolitan Art - Curitiba - PR - Brazil • **1998** "Objetos" Werft - Cologne - Germany • **1998** "Objetos" Ribeirão Preto Museum of Art MARP - SP - Brazil • **1997** "Süssstoff" IFA Gallery - Bonn - Germany • **1992** "Slices" CAYC - Buenos Aires - Argentina • **1991** "Slices" MASP Sao Paulo Museum of Art - Sao Paulo - SP - Brazil • **1990** "Não sente na grama" Paço das Artes - MIS - Sao Paulo - SP - Brazil • **1989** "Cadeiras" IAB Institute of Brazilian Architects - São Paulo - SP - Brazil.

Group Exhibitions

• **2004** "Metropolis Collection" MAC Museum of Contemporary Art - Campinas - SP - Brazil • **2004** "People from Sao Paulo" Olido Cultural Center - Sao Paulo - SP - Brazil • **2004** "São Paulo 450 years old" Sesc Pompeia - Sao Paulo - SP - Brazil • **2003** "Mexico Imaginario" Casa das Rosas - Sao Paulo - SP - Brazil; "Metropolis Collection" Pinacoteca do Estado - Sao Paulo - SP - Brazil • **2003** "Brazilian Prints" Virgilio Gallery - Sao Paulo - SP - Brazil • **2001** "The Frankfurt Arts Fair" Galerie Barbara Cramer - Germany • **2001** Self-Portrait "Espelho do artista" FIESP - Sao Paulo - SP - Brazil • **2001** "Obra Nova" MAC - Sao Paulo - SP - Brazil • **2000** " Mujeres de las dos orillas" Memorial da América Latina - Sao Paulo - SP - Brazil and Valencia Centre for Mediterranean Culture - Spain. • **1999** "Transparências" Rosa Barbosa Gallery - Sao Paulo - SP - Brazil • **1998** Atelierhaus - Bonn - Germany • **1998** Kunst in Brasilien Heute - Germany • **1998** Kunstlerhaus Berlin - Germany • **1998** "Feminino/Plural" National Fine Arts Museum - Buenos Aires - Argentina • **1998** "Multiples e Kultiples" Article Gallery - Cologne - Germany • **1998** "Kulture West" Cologne - Germany • **1997** "Organicus" Espaço

Tambiá Arts Center - João Pessoa - PB - Brazil • **1997** "Organicus" Valu Oria Gallery - São Paulo - SP - Brazil • **1997** "Arte Conta Histórias" MAC USP Sao Paulo - SP - Brazil • **1997** "Kunst aus Brasilien" Emst Moritzarndt - Universitat in Greifswald - Germany • **1997** "Kolonialismus" Versuch - Verne - Germany • **1996** "Highlights of XX Century Art" MAC USP - Sao Paulo SP - Brazil • **1996** "Bandeiras" MAC USP - Sao Paulo - Brazil • **1996** "Bandeiras" SESI - Sao Paulo - SP - Brazil • **1996** Vitrine MASP - Trianon MASP Subway Station - Sao Paulo - SP - Brazil • **1996** "Organicus Shapes and materials" ICBRA Berlin - Germany • **1996** "Organicus" Drei Nord Gallery - Dresden - Germany • **1994** "60 Artists Anniversary Tribute USP" MAC USP - Sao Paulo - SP - Brazil • **1994** "Contemporâneas no Acervo do MASP" Decades 80/90 - Sao Paulo - SP - Brazil • **1994** "Hunger and Fame Global Garbage" Nara Roesler Gallery - Sao Paulo - SP - Brazil • **1992** "Novas Aquisições Contemporâneas" MASP - Sao Paulo - SP - Brazil • **1992** "Brasil - Pequenos Formatos e Poucas Palavras" Documenta Art Gallery - Sao Paulo - SP - Brazil • **1992** "Da Imagética Brasileira e de Miró" MAC - Ibirapuera - SP - Brazil. • **1991** "Monumenten" Meander Gallery - Amsterdam - Holland • **1991** Santo André Contemporary Art Salon - SP - Brazil • **1991** International Painting Festival - Cagnes Sur Mer - France • **1990** "4 Desígnios" Paço das Artes - MIS - Sao Paulo - SP - Brazil • **1989** "Circuito Aberto" Special event of the 20th Bienal de Sao Paulo - SP - Brazil • **1987** "De Olho na Mídia" Cásper Líbero Foundation - São Paulo - SP - Brazil • **1987** "Cinco Artistas do Brasil" Bucci Gallery - Santiago - Chile • **1986** IX National Fine Arts Salon - Brasília Art Museum - Brazil • **1985** "Prêmio Chandon" Acquisition Award - Collection of Unidade Dois Gallery - Sao Paulo - SP - Brazil • **1984** "Prêmio Chandon" Acquisition Award - MIS - Sao Paulo - SP - Brazil.

www.renatabarros.com
e-mail: renatabarrosarte@yahoo.com.br